30分で  スッキリ!

そうだったんだ!!

心理的安全性

[監修]
山口裕幸
九州大学大学院
人間環境学研究院教授

永岡書店

\ 要点がスッキリわかる！ /

「心理的安全性」って何？

君たち本当にやる気ある？
どうせ自分の意見なんかとおらないし…
ミスがバレたら怒られるから黙っておこう
これくらいわからないの？
わからないなんて言えない…
耐えてばかりで仕事がつまらない…
詰めが甘いよ
ノルマを達成できないかも。どうしよう…

「心理的安全性」が低い職場のリスクとは？

- パフォーマンスや生産性の低下
- ミスやトラブルの増加
- 問題の隠蔽《いんぺい》や不正の増加
- モチベーションの低下
- 業務改善やイノベーションの停滞
- 自分の意見を述べるのに消極的
- 否定的な評価を受けないかいつも不安
- 離職者の増加　　etc.

情報化&多様性が進んだ現代社会では、これまでのようなトップダウン型のマネジメントが難しくなってきているんだって。心理的安全性の低い職場では、上図のような「リスク」が高まってしまいます……

新米リーダー
リョータ（28歳）

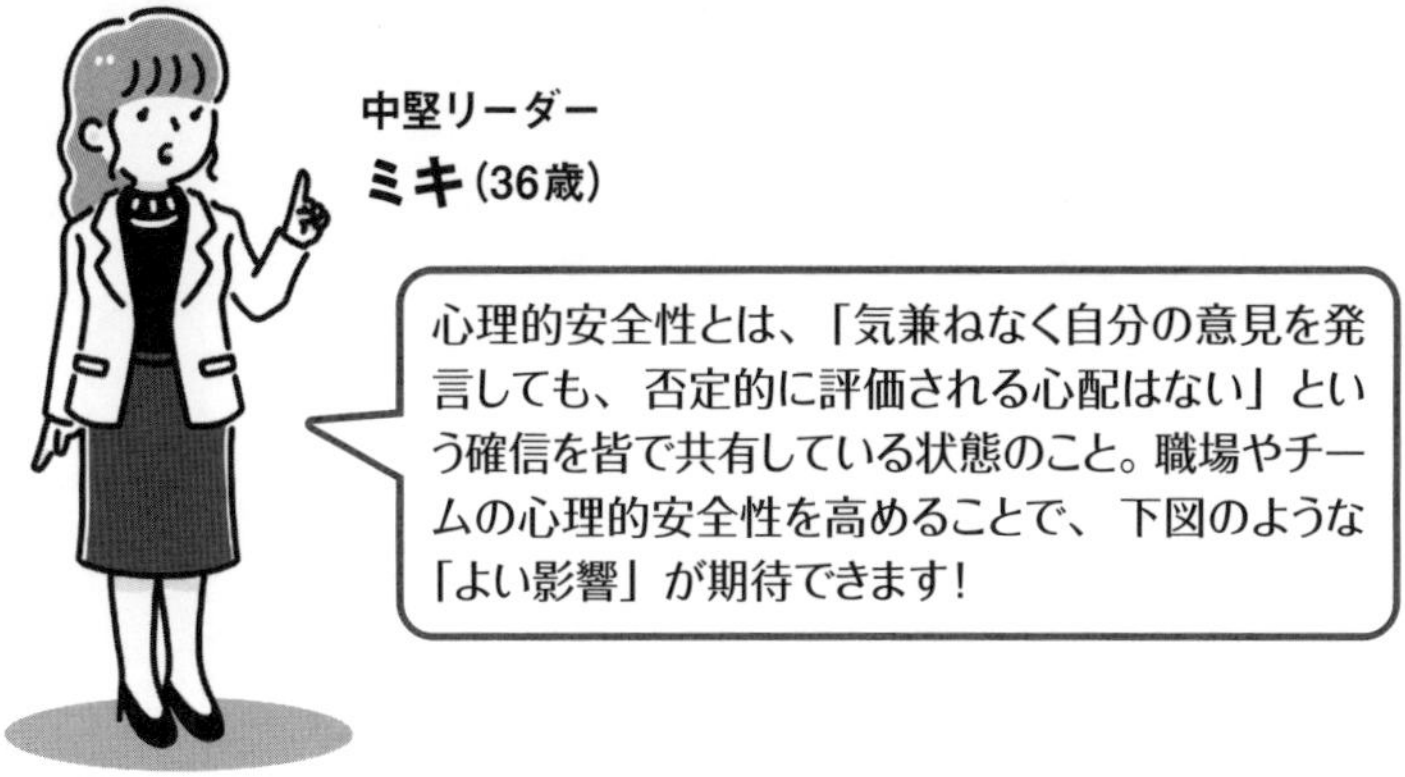
中堅リーダー
ミキ（36歳）
心理的安全性とは、「気兼ねなく自分の意見を発言しても、否定的に評価される心配はない」という確信を皆で共有している状態のこと。職場やチームの心理的安全性を高めることで、下図のような「よい影響」が期待できます！

「心理的安全性」が高い職場のリターンとは？

- パフォーマンスや生産性の向上
- 意見交換・コミュニケーションの活性化
- 斬新で創造的なアイデアや共有する情報の増加
- 自発的なイノベーションや改善の促進
- 信頼関係が築かれチームワークが向上
- 社員エンゲージメント（愛着心）の向上
- 人材の定着率の向上　etc.

いつも仕事が速いね！
小林課長できました！
おはようございます！
おはよう！
わからないことがあったら言ってね
すごくおもしろいよ！
実は進め方に悩んでまして…
このアイデアどうですかね？

職場の「心理的安全性」を高める5つのポイント

リスクのある発言でも「このチームなら受け入れてもらえる」という認識で、自由に発言できる環境を整えることで職場の風通しがよくなり、仕事のパフォーマンスも上がっていきます

監修者：**山口先生**

フィンランド旅行どうだった?
ものすごく楽しかったです!

❶ 話す機会を増やす

報告、連絡、相談といった仕事の話ばかりでなく、雑談や個人的な話題なども心理的安全性を高めるきっかけとなる

❷ 質問・相談しやすい環境をつくる

質問や相談を歓迎する姿勢を示すことで、チーム内の連携が強化され、トラブルなどへの対応もスムーズになる

申し訳ありません。私のミスでした
報告ありがとう。大丈夫だから状況だけ説明して
大丈夫だよ〜

❸ 挑戦を歓迎する

挑戦や前例のないことを否定せず、積極的に受け入れる姿勢を示すことが改善やイノベーションのきっかけとなる

この企画を
ご検討ください!
またおもしろいこ
と考えてきたね

中野さん。永岡商事の
小林さんからお電話です
ありがとう

❹ 常に共感や感謝の気持ちを持つ

相手に対する共感や感謝を示すことが心理的安全性を高める。誰かがしてくれた「当たり前」のことにも感謝する習慣が大切

❺ 多様な価値観を認める

画一的な考え方や価値観の押しつけはNG。

多様な価値観を受け入れて一人ひとりの個性を伸ばすことで、チームの生産性も高まっていく

坂本くん。SNS
得意だったよね?
はい。プライベートでは
何度もバズらせてます

心理的ブレーキの呪縛から職場や組織を解き放つ

組織の「心理的安全性」への関心は、ここ数年、ビジネスパーソンの間でも急速に高まってきました。さまざまな局面でストレスを感じることの多い職務生活の中で、「心理的安全性」という言葉は、心安らかに意欲的に仕事に取り組むことのできる温かい職場の実現を期待させるイメージがあるのかもしれません。

もちろん、人間関係が円満で意欲と活気のあふれる職場をつくっていくことは、非常に大切な取り組みです。しかしながら、現在、皆で和気あいあいと働き、成果を上げていても、それを将来にわたって持続させていけるのかは保証の限りではありません。

どんな職場でも組織でも、社会の変化への適応を怠れば、将来的には衰退への道を辿ることになります。社会の変化に適応しながら持続可能性の高い職場づくりを実現するには、権力者の独断に従うことや、外圧によって受け身の態勢で取り組むことではなかなかうまくいきません。皆で自律的に変化を生み出していくこと、すなわち、環境や社会の変化を敏感に察知しながら、皆で率直に意見を出し合い、議論して、組織に変化を生み出す取り組みに前向きに挑戦していくことが、自分たちの組織、職場が将来にわたって繁栄を続け

るための大切な鍵を握っているのです。

ただ、職場で一緒に働く仲間だとはいえ、その考え方や価値観には違いがあってもおかしくありません。したがって、率直な意見を述べることで、上司や同僚と意見が食い違うことも起こりえます。誰でもそうした対人的な軋轢《あつれき》は避けたいものです。そして、円満な人間関係を大切にするあまり、自分の意見を述べることを控えたり、違和感を覚えながらも上司や同僚の意見に同調したりすることも出てきます。そうした「空気を読む」行為や、上司や同僚の気持ちを忖度する行為は、善意から生まれるのですが、皮肉なことに、職場を自律的に創造的に変革していこうとする取り組みには強くブレーキをかけてしまいます。

その**心理的ブレーキの呪縛から職場や組織を解き放つのが「心理的安全性」を醸成する取り組み**だと言えるでしょう。それは具体的にどんな取り組みなのでしょうか。

本書では、社会心理学や組織行動学における科学的な研究の知見にもとづきながら、「心理的安全性」の概念を正しく理解していただくと同時に、それを醸成し、高めていくにはどのような取り組みが効果的なのか、とくに具体的なリーダーシップ行動に光を当てながら解説してみました。健全で闊達《かったつ》な職場づくりに、何かしら役に立つヒントを見つけていただければ幸いです。

山口裕幸（九州大学大学院人間環境学研究院教授）

Contents

第3章 あなたの職場の心理的安全性を高める方法

第4章 心理的安全性を高めるリーダーの行動&声かけ

第1章

そもそも心理的安全性とは何か？

近年、話題になっている「心理的安全性」。しかし、実際のところ「心理的安全性とは何か？」を知らない人も多い。第1章では、その概要と、今、注目を集めている背景をひもときます。

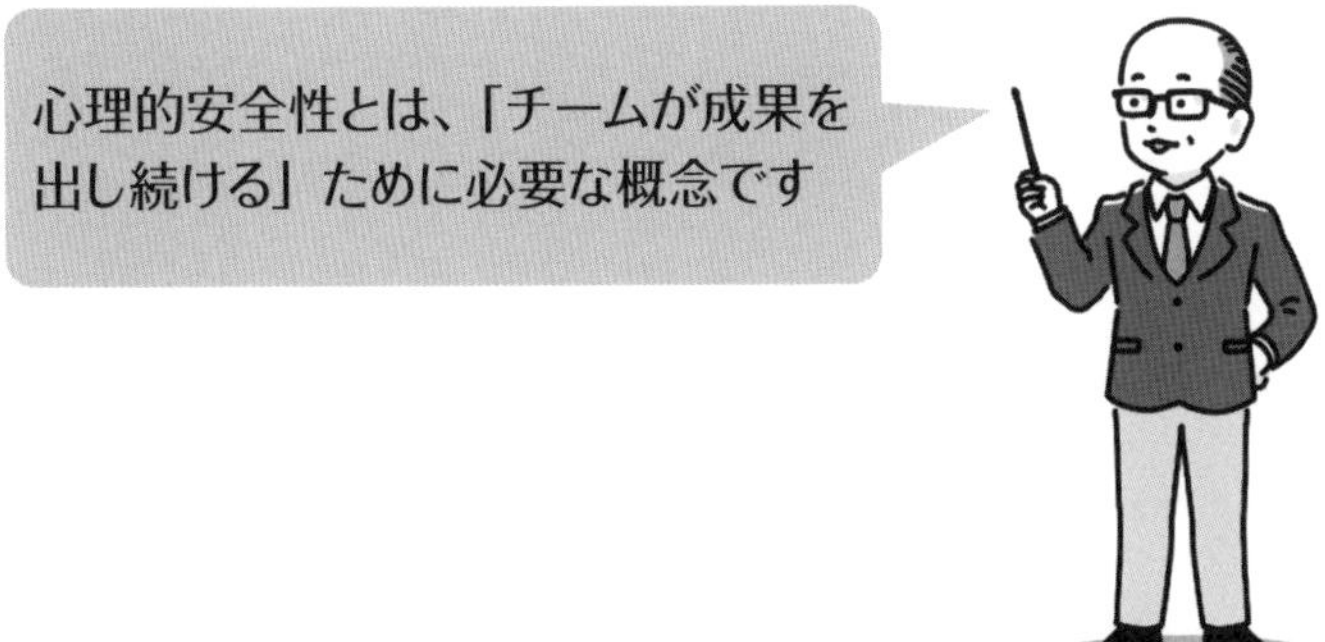
心理的安全性とは、「チームが成果を出し続ける」ために必要な概念です

01 今、心理的安全性が注目される理由

まずは心理的安全性の概要を理解することからはじめましょう

心理的安全性の基本のき

心理的安全性とは、つまるところ「誰もが気兼ねなく発言でき、話し合える状態」を意味します

立場の上下に関わりなく、互いを尊重し合う環境がチームワークを育む

失敗を批判しない雰囲気が発言や報告をうながし、改善や成長に繋《つな》がる

ポジティブなコミュニケーションが、安心や信頼を醸成する

余計な不安がないため、一人ひとりが自分のやるべきことに集中できる

Googleが注目した成果を出し続けるための条件

心理的安全性とは、ハーバード大学で組織行動学を研究するエイミー・C・エドモンドソンが1999年に提唱した概念「Psychological Safety」を日本語に訳した言葉です。この概念は、巻頭でも解説したとおり、**「この組織やチームの中では、誰もが気兼ねなく自分の意見を発言でき、話し合えるという確信を皆で共有している状態」**を意味します。

心理的安全性が注目されたきっ

成功するチームをつくるための「5つの因子」

信頼性・頼りになる
(Dependability)

自分が仕事をしている間に、ほかのチームメンバーも質の高い仕事を時間内に仕上げてくれる

構造と明確さ
(Structure & Clarity)

チームの「目標」「役割」「実行計画」という3つの要素(=構造)が明確になっている

心理的安全性
(Psychological Safety)

誰もが安心してリスクを冒し、意見を述べ、自分の弱い部分もさらけ出すことができる

仕事の意味・意義
(Meaning)

チームメンバー全員が「自分にとってこの仕事は意味がある」と実感している

仕事の持つインパクト(効果)
(Impact)

チームメンバー全員が「この仕事は意義があり、よい変化を生むものだ」と確信している

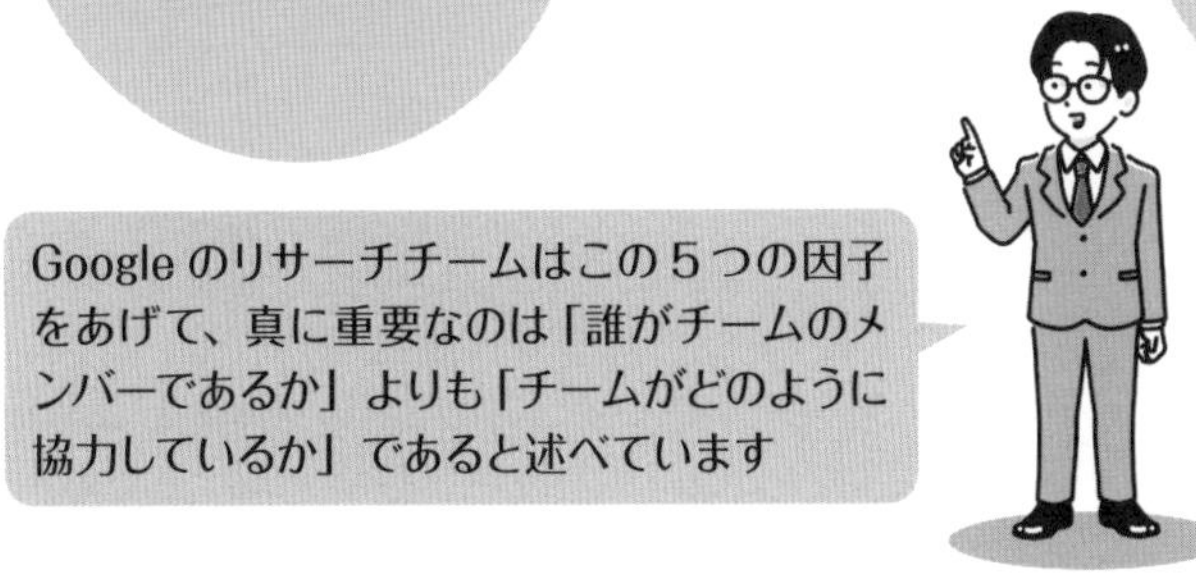
Google のリサーチチームはこの５つの因子をあげて、真に重要なのは「誰がチームのメンバーであるか」よりも「チームがどのように協力しているか」であると述べています

かけは、Ｇｏｏｇｌｅが２０１２年から4年間にわたって生産性の高いチームをつくる方法を見つけることを目的として調査・研究を行った「プロジェクト・アリストテレス」でした。Ｇｏｏｇｌｅはこのプロジェクトを通して、**成果を出し続けるチームの共通点は「他者への心づかいや同情、あるいは配慮や共感があること」であり、「チームの生産性やパフォーマンスを高める最大の要因は心理的安全性」である**と結論づけたのです。

２０１５年、Ｇｏｏｇｌｅは自社情報サイト「ｒｅ：Ｗｏｒｋ」において、成功するチームをつくるための**5つの因子**を公開しました。そして「プロジェクト・アリストテレス」の責任者ジュリア・ロゾフスキは、「5つの因子のうち心理的安全性の重要性は群を抜いており、ほかの4

致命的な7つの習慣&身につけたい7つの習慣

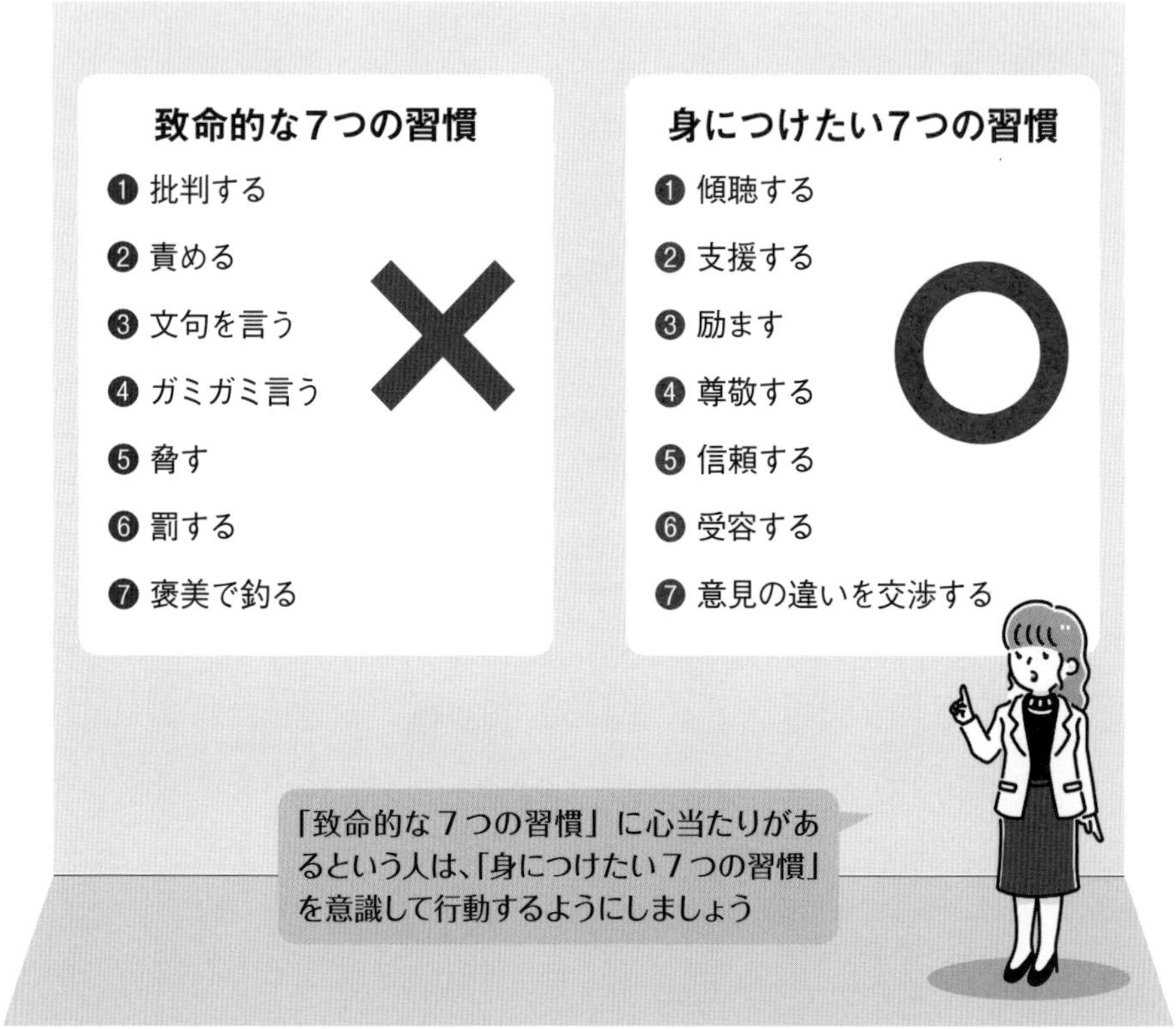

致命的な7つの習慣
❶ 批判する
❷ 責める
❸ 文句を言う
❹ ガミガミ言う
❺ 脅す
❻ 罰する
❼ 褒美で釣る
身につけたい7つの習慣
❶ 傾聴する
❷ 支援する
❸ 励ます
❹ 尊敬する
❺ 信頼する
❻ 受容する
❼ 意見の違いを交渉する
「致命的な7つの習慣」に心当たりがあるという人は、「身につけたい7つの習慣」を意識して行動するようにしましょう

つの土台と言える」と述べています。

致命的な7つの習慣と身につけたい7つの習慣

アメリカの精神科医ウィリアム・グラッサーは、組織やチームの誰もが自発的に意見を出し合えるようにするためには、**「致命的な7つの習慣」**（上の図を参照）を変えるべきと主張しました。

この「致命的な7つの習慣」が常態的に行われている職場では心理的安全性はおびやかされ、チームの一人ひとりが不安や恐れを感じ、発言や質問、相談などをすることに尻込みする人が多くなります。

そうした状態を避けるためには、上にあげた「身につけたい7つの習慣」を意識することで、心理的安全性が高まりチームの一人ひとりが自

心理的安全性が「学習する組織」をつくる

心理的安全性が高い
失敗しても、そこから学べばいい
失敗しました
私のミスです
誰にでもミスはあるものです
心理的安全性が低い
人は「ミスや失敗を隠したい」という気持ちになると、仕事に対する姿勢もネガティブになっていきます。自由に発言したり、恐れず報告や質問したりできる環境がポジティブな姿勢を生み、チームの学習と成長をうながすのです
能力不足がバレないようにしないと……
まずい！ミスを隠さないと……

発的に発言や質問ができるようになります。こうした関わり方をリーダーはもとより、チームの一人ひとりが意識することによって、組織の雰囲気や環境が変わっていくのです。

また、**心理的安全性には、失敗からの学習や改善を促進する**効果もあります。心理的安全性が低い職場では、メンバーは叱責や自分の評価の低下を恐れて失敗やミスを隠そうとします。一方、心理的安全性が高い職場では発言への恐れが少ないため、失敗やミスの報告がしやすくなり、その失敗から学び、改善していくことができるようになるからです。

つまり、**心理的安全性を高めることの重要性は、単に「遠慮や恐れがない状態で言い合える組織」をつくることではなく、その先の「学習する組織」をつくることにある**のです。

第1章

02

あなたのチームの心理的安全性をチェック

どのような場面で「発言への恐れ」を感じるのかをチェックしてみましょう

こんなとき、発言・指摘できますか?

❶～❿のうち半分以上にチェックが入る場合は、あなたの職場の心理的安全性は低いと言えるでしょう。

1
Web会議で、相手の画面共有ができていなかったとき

2
自分の名前が間違われていたとき

3
上司が漢字を間違って読んだとき

4
(単純な見落としで)自己紹介で、自分だけ飛ばされてしまったとき

成長し続けるチームは「発言への恐れ」が少ない

　家族や友だちなどに対しては何のためらいもなく主張や指摘ができるのに、職場ではなかなか……という人は多いと思います。とくに上司に対しては、思ったことをそのまま伝えることができないという人は多いものです。しかし、そうした状態のままでは、心理的安全性の高いチームをつくることはできません。

　たとえば、あなた自身やあなたのチームのメンバーは、上にあげた❶～❿のシチュエーションで、気軽に

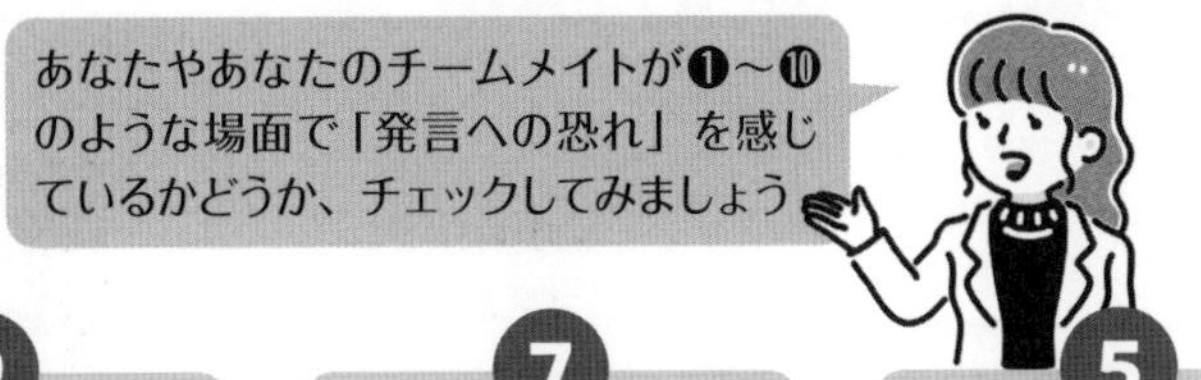
あなたやあなたのチームメイトが❶〜❿のような場面で「発言への恐れ」を感じているかどうか、チェックしてみましょう

5
自分は言いたいことがあるのに、会議で意見を聞かれなかったとき

6
自分だけが持っている情報について共有したいとき

7
よいかどうかはわからないが、自分が思いついたアイデアを共有したいとき

8
❽自分がエラーやミスを起こしてしまったとき

9
不正や不祥事に繋《つな》がりかねない同僚の行動を指摘したいとき

10
上司のミスを指摘したい（伝えたい）とき

出典：『リーダーのための心理的安全性ガイドブック』青島未佳著／山口裕幸監修

発言や指摘をすることができるでしょうか？　あなたがリーダーの立場であれば、チームメンバーにも、このチェックリストに回答してもらうといいでしょう。

もし、チームメンバーの多くが❶〜❿のうち半分以上の場面で「発言できない」と感じているのであれば、その職場は心理的安全性が低いと判断できます。上にあげたような場面で「発言をためらってしまう」場合、その人（あなた）は**職場で少なからず怯え、恐怖を感じながら仕事をしている**ということです。

怯えや恐怖を感じながら仕事をしていると、当然、やる気は損なわれ、パフォーマンスも下がります。そして、トラブルが起きてもそれを隠そうとするので、事態はより深刻になり、チームの成長も阻害されます。

第1章

03

なぜ心理的安全性が必要なのか？

「不確かな時代」を組織が生き抜くためにも心理的安全性は役立ちます

「VUCA」の時代を生き抜くために必要なもの

環境がめまぐるしく変化し、予測することが難しい現代の状況を「VUCA《ブーカ》時代」と称することがあります。**近年、心理的安全性が注目される要因の1つに、この「VUCA」に象徴される時代性があります。**

現代よりも安定性の高い時代には、旧来のトップダウン型の経営やマネジメントが有効な場面もありました。

しかし、現代のように不確実性が高い時代を組織が生き抜くためには、あらゆる変化に対応できる柔軟性や

現代は「VUCA」の時代

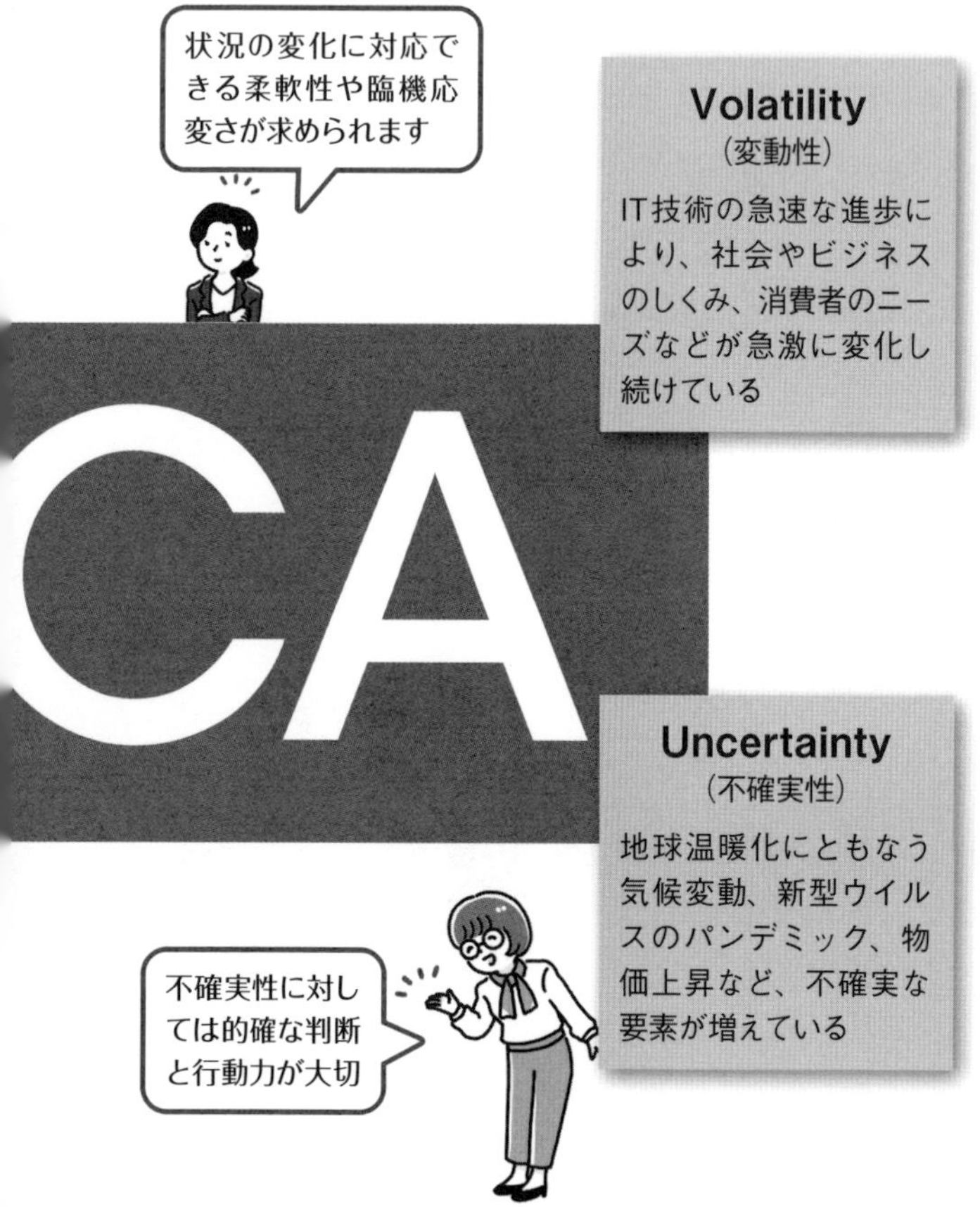
状況の変化に対応できる柔軟性や臨機応変さが求められます
Volatility
（変動性）
IT技術の急速な進歩により、社会やビジネスのしくみ、消費者のニーズなどが急激に変化し続けている
CA
Uncertainty
（不確実性）
地球温暖化にともなう気候変動、新型ウイルスのパンデミック、物価上昇など、不確実な要素が増えている
不確実性に対しては的確な判断と行動力が大切

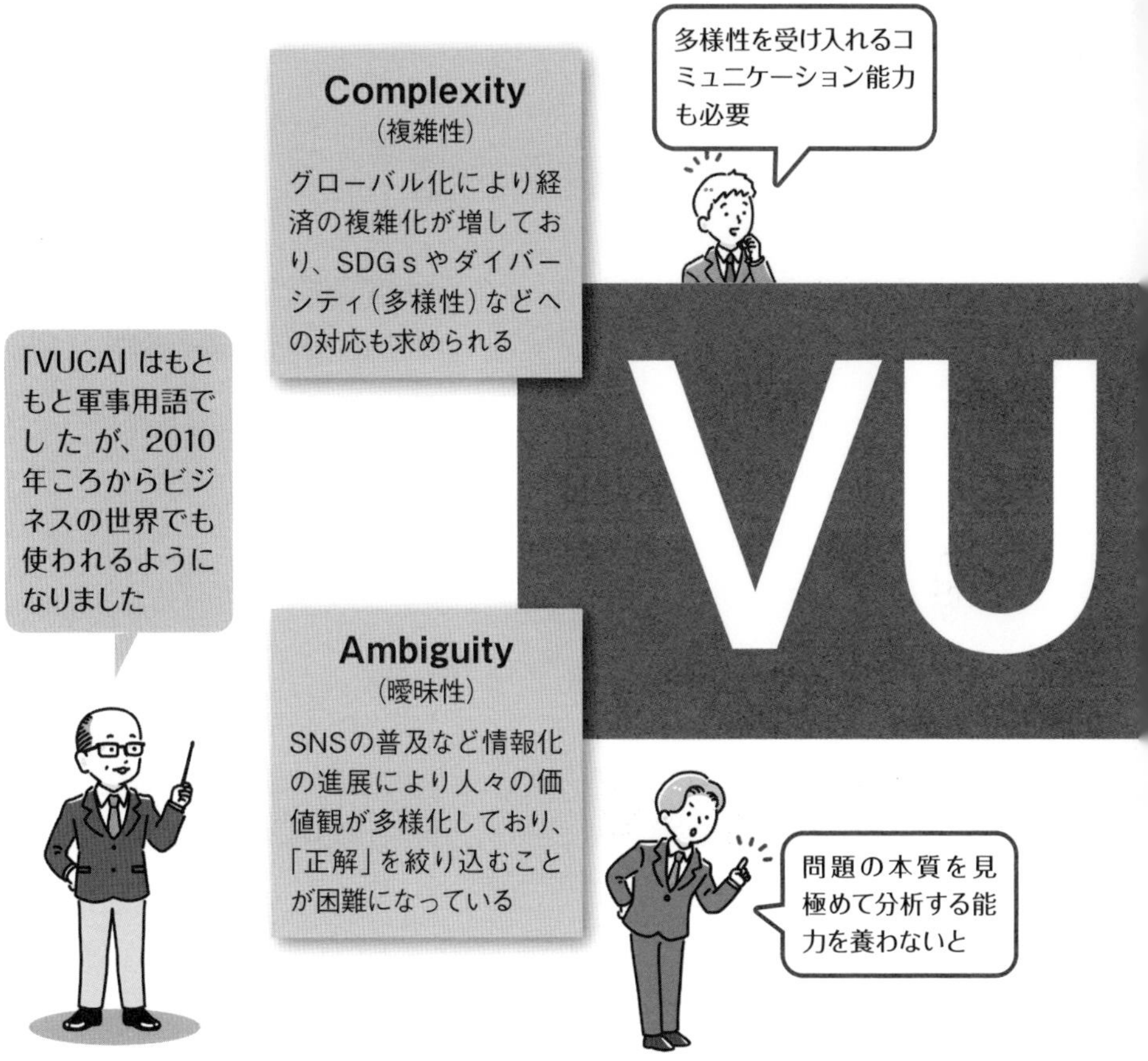
多様性を受け入れるコミュニケーション能力も必要
Complexity
（複雑性）
グローバル化により経済の複雑化が増しており、SDGｓやダイバーシティ（多様性）などへの対応も求められる
「VUCA」はもともと軍事用語でしたが、2010年ころからビジネスの世界でも使われるようになりました
VU
Ambiguity
（曖昧性）
SNSの普及など情報化の進展により人々の価値観が多様化しており、「正解」を絞り込むことが困難になっている
問題の本質を見極めて分析する能力を養わないと

多様性が求められます。そのためにも、今後はますます心理的安全性の重要性が増していくでしょう。

心理的安全性を高めることがもたらすメリット

ＶＵＣＡ時代において、心理的安全性を高めることには、次の4つのメリットがあります。

1つめは、**意思決定や判断の質の向上**です。旧来の「トップの意思決定が絶対」という組織風土では、変化に対する柔軟な対応が難しく、結果として競合他社や国外企業といったライバルに遅れを取ることになります。一方、より現場に近いメンバーが積極的に発言や提案ができる「心理的安全性の高い組織」では迅速な意思決定が可能になり、組織自体も活性化します。

心理的安全性がもたらす4つのメリット

意思決定

心理的安全性が高いと…

意思決定が迅速になり競争力も強化される

心理的安全性が低いと…

意思決定が遅くなり競争力を失う

リスクの回避

心理的安全性が高いと…

不正やトラブルが表面化しやすくなり迅速な対応が可能に

心理的安全性が低いと…

不正やトラブルがなかなか表に出ず深刻化する

2つめは、**不正や不祥事といったリスクの回避**です。従来型の企業に多い、目標やノルマの達成が最上位の価値基準である組織では、メンバーは常にプレッシャーにさらされることになります。そのような環境では、「できない」という事実を伝えることができず、結果として隠蔽《いんぺい》や改竄《かいざん》などの不正を行ったり、不正を目にしても指摘できなかったりする雰囲気が生まれてしまいます。

VUCA時代に組織が生き残るための条件

3つめは、**多様化**です。画一的な価値観に支配され、同じような人材ばかりが集まった組織では、変化への対応ができなかったり、遅くなったりします。また、生まれるアイデアも似たり寄ったりのものとなり、

先の見えない時代を組織が生き抜いていくためには、心理的安全性を高め、変化や失敗を恐れずに挑戦し続ける姿勢が大切です

多様化

心理的安全性が高いと…

多様なアイデアが出てイノベーションも生まれやすくなる

心理的安全性が低いと…

アイデアや施策が固定化しイノベーションが生まれづらい

成長性

心理的安全性が高いと…

挑戦と失敗を恐れないことで成長する組織になる

心理的安全性が低いと…

失敗を恐れて挑戦しなくなり、組織の成長が止まる

VUCA時代にもっとも求められるものの1つである創造性やイノベーションが生まれづらくなります。そして、VUCA時代を組織が生き抜くためには、内部の人員や価値観の多様化だけでなく、外部との連携などシステムの多様化も求められます。

4つめは、**失敗と成長を繰り返す「学習する組織」の実現**です。これまで日本においては、仕事上の「失敗」は評価を下げる要因となる場合がほとんどでした。しかし、正解がわからない不確実性の時代においては、新たな価値を生むために挑戦し続ける必要があり、挑戦には失敗がつきものです。そしてVUCAの時代においては、失敗から学び、改善し、成長していくことが、組織が生き残っていくための必須条件と言っても過言ではありません。

第1章

04

心理的安全性を妨げるものとは？

どのような要因が心理的安全性を妨げるのかを理解しましょう

職場環境における対人リスク
❶ 無知だと思われる不安
この情報って、知っていて当然のことなのかな？
自分だけ知らないことだったらどうしよう？
❷ 無能だと思われる不安
できないかもしれないけど、そんなこと言える雰囲気じゃないな
助けてもらいたいけど、できないことがバレるのもイヤだし…

心理的安全性を妨げる4つの対人リスク

心理的安全性を提唱したエドモンドソンは、心理的安全性を妨げる主な要因として、次の4つの対人リスクをあげています。

❶無知だと思われる不安
❷無能だと思われる不安
❸ネガティブだと思われる不安
❹邪魔をする人だと思われる不安

職場で疑問や懸念を発言したり、質問したりする場合、私たちは「無知だと思われるリスク」を冒しています。また、自分の失敗やミスにつ

③ ネガティブだと思われる不安

もっといいやり方があると思うけど、黙っておくか…
間違っている気がするけど、批判できる空気じゃないし

④ 邪魔をする人だと思われる不安

忙しそうだし、質問するのはやめておこう…
意見をもらいたいけど、仕事の邪魔だろうし…

近年の研究では「仕事を妨害することは学習にとってプラスになる」ことがわかっています。相手の仕事を中断させることにより、チーム内での知識のやりとりが増え、新たな手順の習得がはじまるのです

いて報告したり、助けを求めたりすると「無能な人と見られるリスク」があると感じる人も多いです。

そして問題や間違いと思われることについて率直に伝えたり、指摘したりすると「ネガティブな人だと思われるリスク」を冒すことになり、さらには「面倒な人だという印象を与えるリスク」を冒すことにもなるのです。もちろん、こうした「対人リスク」は、忙しい職場であるほど高まりやすくなります。

ちなみに、組織やチームの中で自己の考えや意見を言葉にして表すことを「ヴォイシング（Ｖｏｉｃｉｎｇ）」と言います。**ヴォイシングは、心理的安全性の構築をうながし、持続発展をさせる基盤**となるものです。

しかし、ヴォイシングには、組織やチームでこれまで主流であった考

主な認知バイアスの例

「認知バイアス」とは、先入観や直感、自分の願望やこれまでの経験、他人からの影響などによって論理的な思考が妨げられ、不合理な判断や選択をしてしまう心理現象のことです

少数の法則

サンプル数の少ない偏った情報を過大評価して、正しいと思い込んでしまう傾向

確証バイアス

自分の願望や信念を裏付ける情報ばかりを集め、それに反する情報を軽視する傾向

正常性バイアス

異常なことが起きていても、心の安定を保つために「大したことじゃない」と思い込む傾向

後知恵バイアス

ものごとが起きたあとで「そうだと思った」などと、それが予測可能だったと考える傾向

え方に異を唱える発言ととらえられたり、既得権をおびやかす挑戦的な行為ととらえられたりするリスクがあります。これを避けるためには、**管理職やチームリーダーなどが率先して、発言しやすい雰囲気や環境をつくる**必要があります。

直感的な判断に介在するさまざまな認知バイアス

心理的安全性とは、自分の発言が組織やチームの変革を目指したものであれば、叱責や批難の対象にはならないという信念をメンバーが共有している状態を指します。

しかし、近年の社会心理学の研究で、組織においては、信念はおろか、単なる情報の共有さえも難しい場合が多いことがわかっています。

たとえば、私たち人間は多くの場

こうした認知バイアスがチームの情報共有を難しくしています。心理的安全性を高めるためには、リーダーやチームメンバーが「自分自身もこうしたバイアスにとらわれている」という自覚を持つことが大切です
バーナム効果
誰にでも当てはまるような曖昧で一般的な性格に関する説明を、「まさに自分のことだ」と思い込む傾向
信念バイアス
論理的に正しいが信念に反する主張よりも、論理的に間違っているが信念に合致する主張を信じる傾向
やっぱりそうだ
心理的リアクタンス
選択の自由を奪われたり、選択を強制されたりすると、たとえそれがよい提案であっても反発する傾向
専門偏向
自分の専門分野だけでものごとを観察し、それ以外の視点で見たり考えたりしようとしない傾向

合、経験や先入観によって直感的にものごとを判断しています。しかし、この**「ヒューリスティック」と呼ばれる直感的な判断においては、さまざまな認知バイアスが働きます。**

上にあげたとおり、認知バイアスは非常に多様で、私たちの情報共有を難しくしています。情報や認識、さらには信頼を共有するには、その前段階として、メンバーが組織やチームの一体感を得られるような取り組みが大事になってくるのです。

集団で活動するだけでも、個人は社会的アイデンティティーを集団から得て、集団の一員であることに愛着を覚える心理傾向があります。この傾向を大切に育てて、感情レベルで一体感や連帯感を育むことによって、情報や認識、信頼の共有などが実現していくのです。

05

心理的安全性に対する誤解とは？

心理的安全性とは、単に「何でも発言できる環境」を意味するわけではありません

心理的安全性に対するよくある誤解

「アットホームな職場」という誤解…

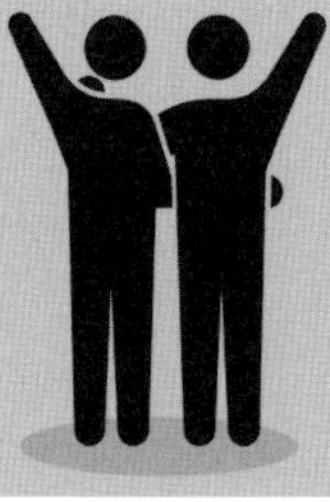

心理的安全性とは、「対立をしない」「何にでも共感し受け止める」ということではなく、「建設的に反対したり、気兼ねなく考えを交換し合ったりできる」ということ。

「外向的になること」という誤解…

職場で心理的に安全だと感じられるかどうかは、内向性や外向性とは無関係。心理的に安全な環境下では、人は内向的か外向的かにかかわらず、積極的に発言するようになる。

建設的な対立をいとわずに率直に発言できることが重要

ここ数年は日本でも「心理的安全性」という言葉がよく使われるようになりましたが、それにともない、心理的安全性という概念に対する誤解も増えてきています。

心理的に安全な職場というのは、**アットホームな職場のことでも、外交的な雰囲気の職場のことでも、信頼関係の強い職場のことでも、目標達成基準の低い〝ヌルい〟職場のことでもありません**。エドモンドソンは「Voice（＝声をあげること）」

心理的安全性は「個人を守るもの」「心地よいもの」といった誤解を招きがちですが、実際には「率直に言うべきことを言い合える“厳しい組織”を目指すもの」なのです

「信頼関係を築くこと」という誤解…

信頼は個人が特定の対象者に抱く認知的・感情的態度だが、心理的安全性は集団の大多数が共有すると生まれる職場に対する態度であり、その感覚が集団で共有されることで生まれる。

「気ままでヌルい職場」という誤解…

心理的安全性とは「気楽に過ごす」ことや「目標達成基準を下げる」ことではない。むしろ、高い目標達成基準に向かって協力し合う環境をつくるために心理的安全性が役立つ。

や「率直に自分の意見を言うこと」の大切さを説いていますが、これは「相手の気持ちや状況などへの配慮なしに、何でも言いたいことを言えばいい」ということではありません。

エドモンドソンが言う心理的安全性の高い状況というのは、**「率直に自分の意見を伝えても対人関係を悪くさせるような心配はしなくていいという信念が共有されている」**ということです。発言する側が「率直に思ったことを口に出せる」ことは大切なのですが、その発言を聞く側がすべてを受け止め、否定しないという意味ではないのです。

つまり、心理的安全性とは、感じよく振る舞うことや心地よさを指すものではなく、**さまざまな観点から学ぶために、建設的な対立をもいとわずに率直に発言する**ことなのです。

心理的安全性&目標達成基準の関連性

目標達成基準が高い
心理的安全性が高い
学習ゾーン
（高パフォーマンスゾーン）
建設的な対立をいとわずに発言でき、学習と成長を繰り返す
私はこう思います
私の意見は違います
どちらの意見にもメリット・デメリットがあるようです
心理的安全性が低い
不安ゾーン
対人不安の中で高い目標が課される、職場としてもっとも厳しい状態
ノルマは達成できるの？
はい、大丈夫です
ムリなんて言える雰囲気じゃない…

心理的安全性は、集団にしか起きない心理現象

エドモンドソンは、自著において「信頼と心理的安全性には多くの共通点があるが、同一のものではない」ということを強調しており、その最大の違いとして「信頼は2つの個人または組織間での相互作用」であり、**「心理的安全性はグループレベル（集団）で経験されるもの」**であることをあげています。

つまり、**心理的安全性とは、単なる個人間における安心感といったものではなく、集団レベルで起きる心理的現象**なのです。

また、エドモンドソンがとくに強調しているのは、「心理的安全性とは、高く設定された目標達成基準も納期も守る必要のない〝勝手気まま〟

エドモンドソンによる「心理的安全性と業績基準の関連性」を示した表をもとに作成した図。もっともキツいのは、目標設定基準が高く、心理的安全性が低い「不安ゾーン」の職場です
目標達成基準が低い
心理的安全性が高い
ムリなら仕方がないか…
NO!
これはムリですね
本当はもう少しがんばってほしいけど
快適ゾーン
気楽で居心地がいいが仕事に対する充実感はない
心理的安全性が低い
この仕事、やれる人いますか?
カタ
カタ
カタ
カタ
……
できなくはないけど手を挙げるのはやめておこう
無気力ゾーン
失敗を恐れて言われた以上のことをやろうとしなくなる

な環境のことではない」ということです。心理的安全性と聞くと、「目標達成基準を下げること」ととらえる人もいますが、そんなことはありません。それどころか、心理的安全性はむしろ「野心的な目標を設定し、その目標に向かって協働するのに有益」な概念であると、エドモンドソンも主張しています。

エドモンドソンは目標達成基準が高く、心理的安全性も高い状態を「学習ゾーン」あるいは「高パフォーマンスゾーン」と名づけ、「そういう職場では人々は協力し、互いから学び、複雑で革新的な仕事をやり遂げることができる」と述べています。

つまり、**心理的安全性を高めることによって組織は積極的に学習しながら前進し、高いパフォーマンスをあげられるようになる**のです。

あなたの職場の「心理的安全性」を測定する

エドモンドソンは、組織やチームの心理的安全性を定量化して把握するための方法の１つとして、以下の「7 つの質問」に各 7 段階で回答してもらい、職場の心理的安全性を測る方法を紹介しています。

この意識調査を行う際、名前を出して記載すると本音で回答できないメンバーが出る可能性があるため、**名前を出さずに匿名で実施したほうが、正確な状況が把握しやすくなります**。

心理的安全性をしっかりと数字で把握することで、あなたの職場の実情を“見える化”し、改善のきっかけとしましょう。

エドモンドソンの「心理的安全性を測定する7つの質問」

質問

1	このチームでミスをすると、たいていの場合、批難される（R）	□
2	このチームのメンバー間では、互いに課題や問題点を指摘し合える	□
3	このチームのメンバーは、「自分とは違う」ことを理由に他者を拒絶することがある（R）	□
4	このチームでは、安心してリスクを取ることができる	□
5	このチームでは、ほかのメンバーに助けを求めることは難しい（R）	□
6	このチームには、私の努力を妨害するような行動を故意にする人はいない	□
7	このチームで働くときには、私のスキルと才能が尊重され、活かされている	□

回答 □ 点／49点

※左の7つの質問に対応した点数を下表から選びましょう。合計した点数が高いほど、心理的安全性が高いと評価されます。

※（R）がある項目は逆転（Reverse）項目で、「そうは思わない」といった否定表現を使った回答のほうが、点数が高くなります。

非常にそう思う	7点［（R）1点］
そう思う	6点［（R）2点］
ややそう思う	5点［（R）3点］
どちらともいえない	4点［（R）4点］
あまりそう思わない	3点［（R）5点］
そう思わない	2点［（R）6点］
まったくそう思わない	1点［（R）7点］

第2章

心理的安全性が高いチームとリーダーシップ

第2章では、心理的安全性が高いチームの特徴、そして、なぜ心理的安全性がチームパフォーマンスを高めるのかを、「チーム」と「リーダーシップ」を軸にしてひもといていきます。

心理的安全性を築くうえで焦点を当てるべきは、「個人」ではなく「組織」です

第2章

01

個人ではなく組織を軸に考えよう

心理的安全性は、個人ではなく組織やチームを対象として考えることがポイントです

心理的安全性とは組織やチームの共有概念

心理的安全性という概念そのものは、エドモンドソンが提唱する以前から知られていました。たとえば、1965年に発表されたエドガー・シャインとウォレン・ベニスの研究では、すでに心理的安全性への言及があります。ただし、彼らの場合は、組織で働く個人が心理的安全性を認知することに焦点を当てていました。

それに対して、**エドモンドソンは組織やチームに備わる特性としての心理的安全性に焦点を当てました。**

心理的安全性という概念の変化

エドモンドソン以前

心理的安全性は各メンバーが心の中で感じ取るもの

組織で働く人々が自分の仕事に愛着を感じ、没頭するのに必要な条件として心理的安全性に着目。個人が心理的安全性を認知することを重視。

↓

エドモンドソン以後

心理的安全性は組織やチーム全体に備わるもの

組織やチームに備わる特性としての心理的安全性に焦点を当て、失敗から学ぶことの大切さを重視し許容する「組織の共有信念」として着目。

心理的安全性の3つの中核理念

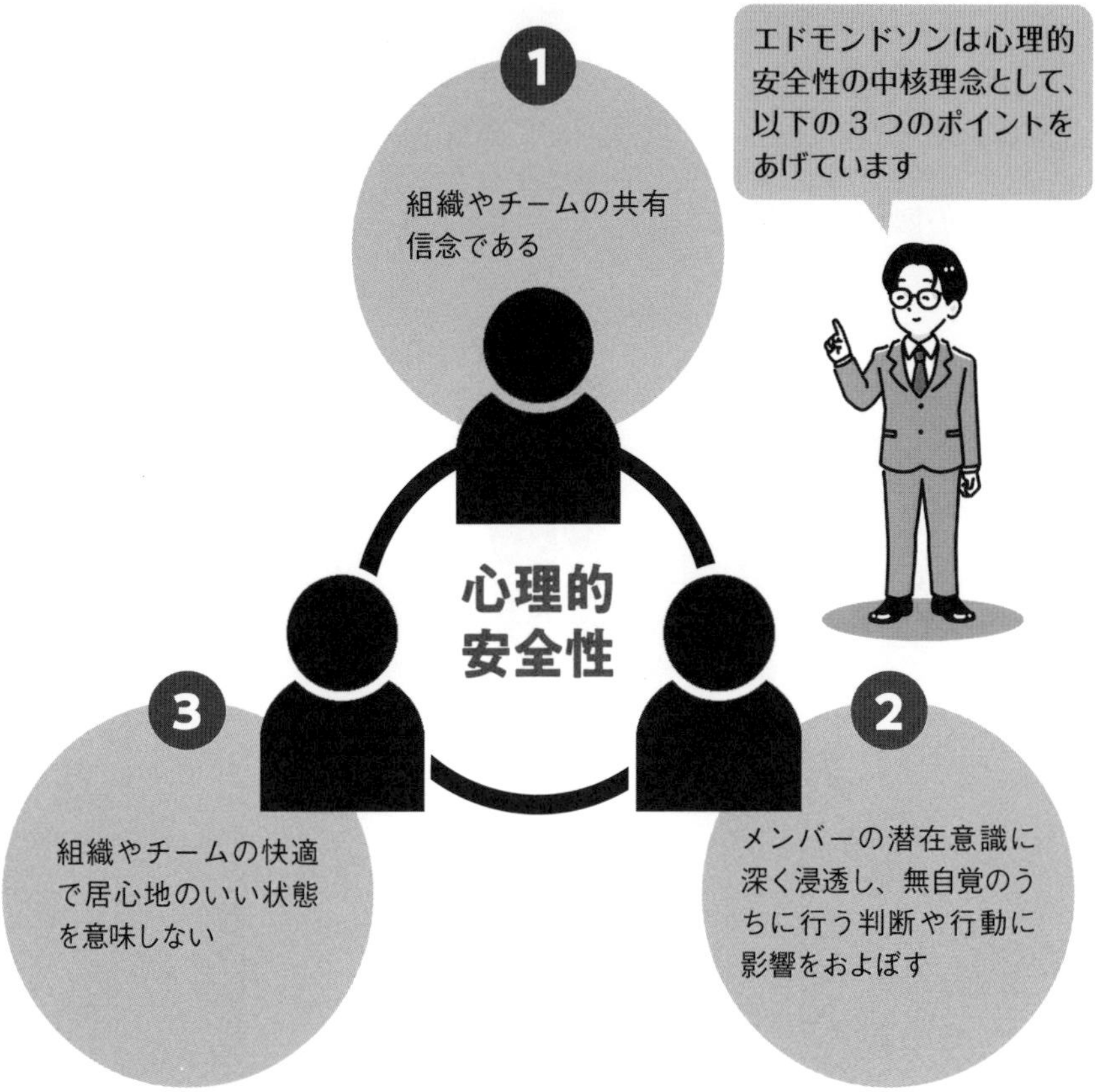
エドモンドソンは心理的安全性の中核理念として、以下の３つのポイントをあげています
1
組織やチームの共有信念である
心理的安全性
2
メンバーの潜在意識に深く浸透し、無自覚のうちに行う判断や行動に影響をおよぼす
3
組織やチームの快適で居心地のいい状態を意味しない

エドモンドソンは、心理的安全性の概念を正確に理解するポイントとして、次の3点をあげています。

❶心理的安全性を組織やチームの共有信念としてとらえる

❷心理的安全性はメンバーの潜在意識に深く浸透して、各人が無自覚に行う判断や行動に影響をおよぼす

❸心理的安全性は組織やチームの快適で居心地のいい状態を意味するものではない

失敗やミスは、できれば人に知られたくないものです。しかし、その失敗を自分一人の経験で終わらせず、メンバー間で共有することによって、より適切で効果的な判断や行動のあり方を学び、改善することができるのであり、それを可能にするのが、「組織やチームの共有信念としてとらえられた心理的安全性」なのです。

第2章

02

心理的安全性が高いチームとは？

心理的安全性の効果を高めるには、高い目標設定と明確な役割分担が必要です

チームの成立条件

1
達成すべき明確な目標の共有
2
メンバー間の協力と相互依存関係
3
各メンバーが果たすべき役割の割り振りが明確
4
チームの構成員とそれ以外との境界が明瞭

チームメンバーを挑戦へと動機づけるための概念

前章でも解説したとおり、「心理的安全性がある職場」とは、単なるアットホームな職場やヌルい職場ではありません。心理的安全性のあるチームとは、挑戦することに価値を置く、むしろ身の引き締まるような雰囲気に満ちたチームと言えます。

つまり、心理的安全性とは、あくまでも**「チームメンバーを挑戦へと動機づけるための概念」**なのです。

ここで改めて、心理的安全性の前提となる「チームとは何か？」につ

心理的安全性が高いチームの共通点

1
メンバーの一人ひとりが自分の意見や主張を持っている
私はこう思います
2
自分の意見や主張をチーム内の誰に対しても発言でき、相手と意見が異なる場合は、その意見を率直に伝えられる
たとえば…
しかし…
3
意見の違う相手同士でもお互いの意見を受け止め、共通の目標に向けた合理的な選択ができる
なるほど それは盲点でした
4
相手の意見を否定したとしても、そのことによって人間関係が悪くなったり、評価が下げられたり、人格的な攻撃を受けたりしない
またご意見をお聞かせください
こちらこそ

いて考えてみましょう。

チームにはいくつかの成立条件がありますが、大まかには「達成すべき目標を共有しており、各メンバー間の協力と相互依存の関係があり、各メンバーが果たすべき役割を持っていて、チームの構成員とそれ以外との境界が明瞭」という4つの条件を満たすことで、チームは成立します。

このチームの条件に照らし合わせた場合、心理的安全性のあるチームとは、**「共通の目的および各メンバーの役割が明確になっており、チームの構成員同士が立場の上下に関係なく相互に協力・補完し合うためのコミュニケーションができる」**状態にあるチームということです。

一見簡単そうに見えるかもしれませんが、そのようなチームをつくることは、それほど簡単ではありません。

成功するチームをつくるための4つの柱

出典：『チームが機能するとはどういうことか』エイミー・C・エドモンドソン著／野津智子訳

❶ 率直に意見を言う

チーミング（※）の成功は、個人間で誠実な会話ができるかどうかにかかっている。会話には、質問すること、意見を求めること、過ちについて話すことも含まれる。

❷ 協働する

協働の姿勢と行動があってはじめて、チーミングはプロセスを推し進めることができる。これはチーミングを行う所定のグループの内でも外でも言えることである。

※チーミング…チームワークの構築と最適化を目的とした模索と実践をし続けること。

高いパフォーマンスのためには心理的安全性だけでは不十分

「謙遜」や「空気を読む」ことを美徳とする傾向の強い日本においては、「上司の言うことには従い、異論を挟まない」ことをよしとする職場も、まだ多いというのが現実でしょう。

　また、そうした職場では「成果を上げるためには徹底した管理を行い、メンバーにプレッシャーを与える必要がある」といった古い考え方が横行しているのもまた事実です。

　しかし、近年の日本における研究でも、心理的安全性はチームパフォーマンスを高めることがわかっています。VUCA（18ページ参照）の時代を組織やチームが生き残っていくためには、**旧来の〝日本的〟な価値観や方法を捨て、メンバー同士**

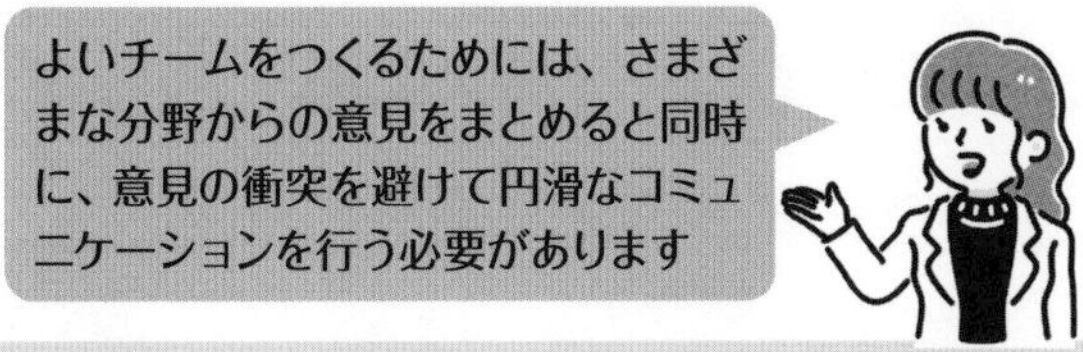
よいチームをつくるためには、さまざまな分野からの意見をまとめると同時に、意見の衝突を避けて円滑なコミュニケーションを行う必要があります

❸ 試みる

チーミングでは何度も試みが行われるが、これにより個人間の交流につきものの新奇さと不確実性を受け入れることになる。

❹ 省察する

チーミングではプロセスと結果をしっかり観察し、明瞭に質問し、よく話し合うことが重視される。これは毎日であれ、毎週であれ、あるいはそのプロジェクト特有のタイミングであれ、仕事のリズムに応じて常に行われる。

が助け合い、活発にアイデアを出し合える環境をつくりあげる必要があります。

とはいえ、心理的安全性が高いだけでチームのパフォーマンスが上がるわけではありません。このことは、エドモンドソンも自著の中で再三強調しています。

仮に心理的安全性があったとしても、目的や目標設定が低い、あるいは曖昧な場合、または相互協力のための役割分担が不明確な場合には、高いパフォーマンスや成果を望むことは難しくなります。

心理的安全性とは、あくまでもチームのパフォーマンスを上げるための基礎概念であり、そのうえで、チームにとって適切な目標設定や役割分担、その他のさまざまな施策を行っていく必要があるのです。

03

「聞く側」の受け止め方が重要！

心理的安全性を高めるには、リーダーが〝誠意を持って聞く〟姿勢を示すことが大切です

評価懸念と対人不安がもたらす結果の違い

職場においては、ほとんどの人が「他人にどう思われるか」を気にしながら自分の言動を選択しているというのが現実です
このアイデアを共有して実現したい
評価懸念や対人不安が弱い場合
こんな発言したら評価が下がるかも
評価懸念や対人不安が強い場合

リーダーが発言を歓迎し、誠意を持って受け止める

心理的安全性とは「率直に発言しても大丈夫と思える状態」のことであると説明してきました。

しかし、現実問題として**多くの人は「他人にどう思われるか」という評価を気にしており、とくに上司に対しては、批判めいた指摘などは行いにくい**というのが実情でしょう。

しかも、こうした評価懸念は新人や若手ばかりでなく、リーダーやマネジメント層も同様に抱くものであり、そうした価値観が固定化した職

心理的安全性を高めるためには、発言者が「率直に話す」こと以前に、聞く側が発言を歓迎し、誠実に受け止める姿勢が大切です
結果
・不正や不祥事の防止
・トラブルの早期解決
・組織の改善と成長
まだまだ行ける！
気づきを率直に話す
発言が増える
聞く側
発言に耳を傾け、フィードバックする
結果
・不正や不祥事の発生
・トラブルの放置
・組織の改善と成長が止まる
もうダメだ…
見て見ぬ振りをする
発言しない
聞く側
発言があっても無視・否定する

場では、ますます「率直な発言や指摘」はしにくくなっていきます。しかし、VUCA時代をそのような組織が生き残ることは困難です。

ここまで、心理的安全性を高めるための重要課題として「率直に発言できる環境」に焦点を当ててきましたが、実のところ、そうした雰囲気や環境をつくり出すためには、**発言する側の意識よりも、聞く側の受け止め方のほうが重要**です。

つまり、発言者が「対人不安がない」と感じるためには、聞く側が指摘や質問を歓迎し、誠意や誠実さを持って受け止める姿勢を示すことがもっとも重要なのです。**聞く側が発言者の意見にしっかりと耳を傾け、適切なフィードバックを行うことではじめて、心理的安全性のある「学習する組織」が実現するのです。**

第2章

04

心理的安全性とリーダーシップの関係

心理的安全性の高い組織のリーダーには、3つの共通点があるとエドモンドソンは述べています

心理的安全性と権威勾配

俺のやり方でやれ！
権威勾配が急
黙って言われたことだけやっておこう
このような権威勾配（リーダーとほかのメンバーとの力関係）が急な組織は、心理的安全性が低い傾向にあります

「力の格差」が大きい組織に見られる一般的な特徴

心理的安全性は、上司と部下の間の力（権力・権威・裁量など）の格差が大きいチームほど低くなる傾向にあります。

力の強い上司ほど、「自分の考えは正しい」「部下は上司に従うもの」といった古い考え方にとらわれていることが多く、また、そうした上司を持つ部下ほど「上司の意見に反対してはいけない」「上司の言うことは絶対」といった固定観念にとらわれがちになるからです。

「権威」を生み出す要因

性格
（人間性）
実績
地位
知名度
カリスマ
スキル
資格
ジェンダー
（性差）
年齢差
経験
権威とは、あくまでも他者が認識する主観的かつ社会的な力であり、客観的に測定することはできません。しかし、あらゆる組織の人間関係に「権威」は介在します

当然のことながら、こうしたピラミッド型組織では、立場の低い側の人たちが自分の意見を言ったり、ミスを指摘したりする機会は減少します。そして、立場の低い側の人による発言が少ない組織では、斬新なアイデアやイノベーションが生まれる可能性が減り、ミスの指摘がないまま放置される可能性も高まります。

こうした状況から脱するためには、**リーダーはチームのメンバーを尊重していることを明確に伝え、メンバーが持っている知識やスキルを認め、それを求める姿勢を示す**必要があります。また、**ミスについての報告を求める場合には、前向きに受け止める姿勢を示すことが大切**です。

リーダーが独裁者のような態度を取っていると、メンバーは萎縮してアイデアを共有したり、ミスを検証

心理的安全性を高めるリーダーシップ理論

セキュアベース・リーダーシップ

リーダーがチームメンバーの安全基地（セキュアベース）のような存在となることで、メンバーの才能や意欲、創造力などを引き出す手法（96ページ参照）。

しっかり見守るから
まずは自分で考え
てやってみよう

インクルーシブ・リーダーシップ

チームメンバー一人ひとりが持つリーダーとしての能力を最大限に引き出しながら、全員で組織全体の能力を向上させようとするリーダーシップ理論。

あなたの力で
組織を成長に
導こう！

したりしたがらなくなります。リーダーが「部下たちの知識やスキルを求めている」ということを示し、自分の弱さを認めることも、心理的安全性を高めるためには必要なのです。

心理的安全性を高めるリーダーシップとは？

エドモンドソンは、心理的安全性を高めるためのポイントとして、**「リーダーの話しやすさ」「リーダーの開放性」「リーダーと話す機会のつくりやすさ」**の3つをあげています。

また、エドモンドソンはこの3つの要素を取り入れた手法として、インクルーシブ・リーダーシップを提唱しています。インクルーシブ・リーダーシップとは「包摂的なリーダーシップ」を意味する言葉で、**個々のメンバーのパフォーマンスを最大限**

近年、リーダーシップ理論は心理的安全性を高めるだけでなく、組織やチームの変革やメンバーのイノベーション行動を高める要因としても注目を集めています

ハンブル・リーダーシップ

ハンブルは「謙虚」を意味し、「謙虚なリーダーシップ」とも称される。業務上の役割にもとづく関係ではなく、個人的な繋《つな》がりを重視するリーダーシップ理論。

あなたのほうが詳しいので教えてください

サーバント・リーダーシップ

部下に対して指示や命令をするのではなく、奉仕（傾聴、サポートなど）をしたうえで目標を達成できるよう主体的な行動をうながす支援型リーダーシップ理論。

どんな問題があるのか聞かせてくれませんか?

に引き出すことに注力することで、組織全体のパフォーマンスを高めるリーダーシップ理論です。

このインクルーシブ・リーダーシップの影響に関する研究では、リーダーのインクルーシブ（包摂的、ものごとの全体を包み込むといった意味で、この場合は仲間はずれにしない、みんな一緒にといった意味）が高いほど、心理的安全性が高まることが明らかになっています。

エドモンドソンの言う「開放的で話しやすく、いつでも話す機会を持てるようにするリーダーシップ」は、インクルーシブ・リーダーシップのほかにも、セキュアベース・リーダーシップ、サーバント・リーダーシップ、ハンブル（謙虚な）・リーダーシップなど、さまざまなリーダーシップ理論に通ずる要素と言えます。

第2章

05

上司のあり方が心理的安全性を阻む

会社員のほとんどが抱く「評価懸念」は、心理的安全性を妨げる大きな要因の1つです

心理的安全性を阻む最大の要因は「評価懸念」

組織やチームの中で自分の意見を表明しようとするとき、多くの人が感じるのが「評価懸念」です。

組織に属する人の多くは、職務の中でさまざまな評価を受けながら日々を送っており、誰もが評価を下げることは避けたいと願っています。そのため、自然と「余計な口出しは控えよう」などと考え、空気を読みながら日々を送るようになります。そうした環境の中で突然、上司から「積極的に自分の意見を言おう」

心理的安全性を高めるためのマネジメント方法の例

1 on 1 ミーティングを行う

上司と部下が定期的に1対1での話し合いの場を持つこと。上司が部下の悩みや課題を聞き出し、フィードバックすることで心理的安全性を高める効果が期待できるほか、部下のモチベーションやパフォーマンスの向上なども期待できる(74ページ参照)。

OKRを設定する

Objectives and Key Resultsの略。難易度の高い「達成目標(Objectives)」を設定し、その達成度を測る「主要な成果(Key Results)」を設定する目標管理法。組織内の連携強化や従業員のエンゲージメント向上といったメリットがある(64ページ参照)。

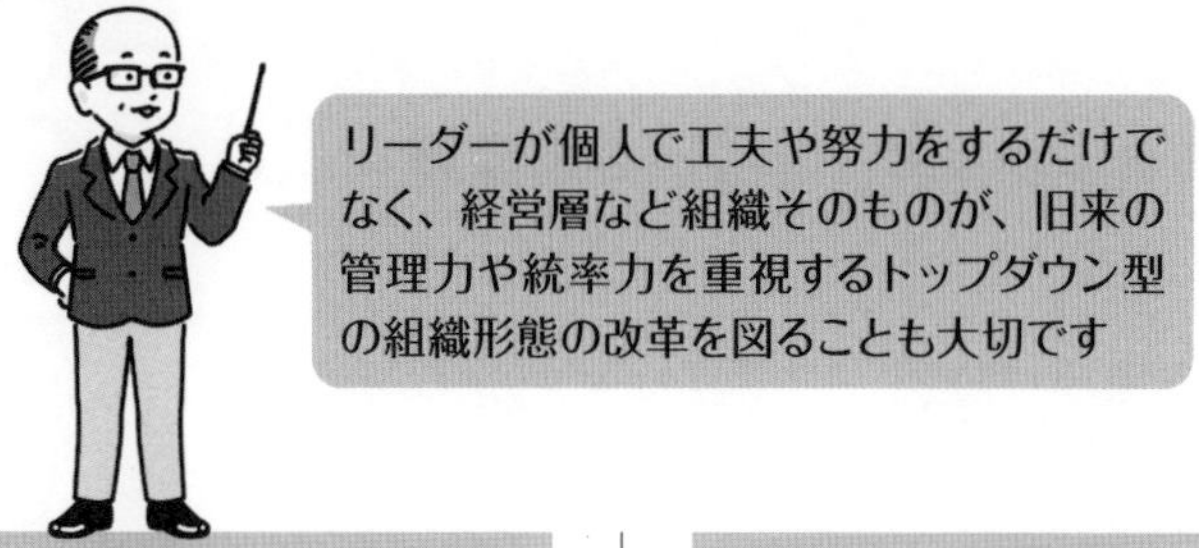
リーダーが個人で工夫や努力をするだけでなく、経営層など組織そのものが、旧来の管理力や統率力を重視するトップダウン型の組織形態の改革を図ることも大切です

評価制度の工夫

会議などでの発言回数、アイデアや企画の発案数、部下から上司への指摘の数などを評価するといった制度のほか、ピアボーナス®(84ページ参照)や360度評価(上司だけでなく同僚や部下なども評価を行う制度)など、「上司から部下へ」という一方通行ではない評価制度の導入を検討する。

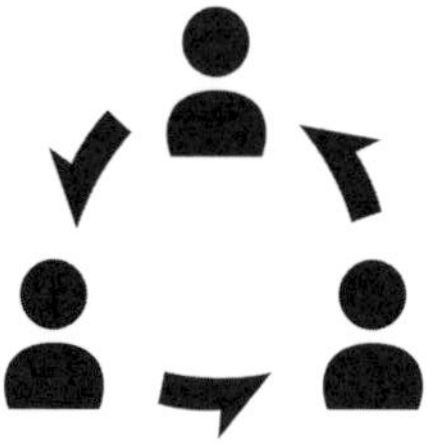

チーム・ダイアログを行う

ダイアログとは「対話」のこと。リーダーとメンバーが、あるいはメンバー同士が対話を重ねることで、相互理解が深まり、心理的安全性が高まる。ほかにも、情報共有の促進、新しいアイデアが出やすくなる、組織やチームへのエンゲージメントが高まるといったメリットもある(70ページ参照)。

などと言われても、すぐに行動を切り替えるのは難しいものです。

　評価懸念は、活発な意見表明や議論の実現を難しくする障壁であり、心理的安全性を阻む最大の要因と言えます。これを克服するには、前項でも解説したとおり、リーダー自身が「開放的で話しやすく、いつでも話す機会をつくる」ことが大切ですが、実際のところ、リーダーが個人でできることには限界があります。

　そうした個人の能力に依存した取り組みの弱点を補強するのが、**メンバーの自由で積極的な意見表明を高く評価し、支援するしくみを人事評価に組み込む制度支援**です。

　また、「1on1ミーティング」や「チーム・ダイアログ」など、リーダーとメンバーのコミュニケーションの機会を増やす工夫も大切です。

※ピアボーナスはUnipos株式会社の登録商標です

第2章

06

心理的安全性を高めるリーダーとは？

VUCA時代には、変化に柔軟に対応できるリーダーシップが求められます

リーダーシップとマネジメントの違い
リーダーシップ
組織のビジョンや目標を設定し、それの達成のためにチームのメンバーを励まし、導くこと
正しいことを行うこと
メンバー全員が発揮するべき能力
マネジメント
成果を上げさせるための施策を考え、計画どおりに業務が進むようにチームを管理すること
ものごとを正しく行うこと
上司が部下に対して行使する能力

リーダーシップとマネジメントの違い

リーダーシップとマネジメントという言葉は混同してつかわれがちですが、その実質は異なります。**リーダーシップは、組織のビジョンや目標の達成のためにメンバーを導いていく能力であるのに対し、マネジメントは、メンバーに成果を上げさせるための施策を考え、計画どおりに業務が進むようにチームを管理する能力**のことです。ちなみに、経営学の父と称されるピーター・ドラッカーは「マネジメントとはもの

リーダーの3つの定義

ドラッカーは、リーダーシップの定義として「仕事」「責任」「信頼」の３つをあげています
リーダーシップとは「信頼」
チームのメンバーは、リーダーの地位に従うのではなく、リーダーへの「信頼」に従うものである
大丈夫！
リーダーシップとは「仕事」
リーダーは目標や基準、優先順位などを定め、それらを「仕事」として、ときには妥協しつつも維持する
リーダーシップとは「責任」
リーダーは、その立場を地位や特権ではなく「責任」として受け止め、チームの失敗の責任はリーダーが取る
リーダーとは単なる「役割」であり、その役割の高さや低さに人間的な上下はないということを肝に銘じましょう

ごとを正しく行うことであり、リーダーシップとは正しいことを行うことである」と言っています。

ドラッカーによるリーダーシップ論

VUCA時代に求められるのは、計画どおりに管理する能力よりも、より高い目標へとチームを導くリーダーシップと言えるでしょう。

ドラッカーは、リーダーシップとはカリスマ性や影響力の強さなどではなく「人の視座を高める」ことであり、それは「人のビジョンを高め、成果の基準を高め、人格を高めることである」と述べ、さらに**「リーダーはメンバーの強みのみを見なくてはいけない」**とも述べています。

急激な変化への対応を求められる現代においては、旧来の上《じょう》意《い》下《か》達《たつ》型

心理的安全性を高めるためのリーダーの行動

出典：『チームが機能するとはどういうことか』エイミー・C・エドモンドソン著／野津智子訳

❶ 直接話のできる親しみやすい人になる

メンバーと直接対話し、個人として関わることで、リーダーはともに学習するようメンバーをうながすことができる。

❷ 現在持っている知識の限界を認める

チームが直面している課題に対し、リーダーが答えを持っていないことを認めることで、メンバーが持つ知識やスキルを引き出すことができる。

❸ 自分もよく間違うことを積極的に示す

リーダーが自分もよく失敗するということをメンバーに伝え、失敗に対する寛容さを示すことで、チーム内の心理的安全性が高まる。

❹ 業務やプロジェクトへの参加をうながす

リーダーが自分の限界を認め、失敗もすることを伝えることで、メンバーは自分の意見やアイデアを積極的に提供するようになる。

のマネージャーやリーダーではなく、ドラッカーの言うような柔軟かつ使命感の強いリーダーがますます求められるようになっていくでしょう。

リーダーの行動なくして心理的安全性はつくれない

心理的に安全な環境は、チームのメンバーに指示や指針、スローガンなどを一方的に与えたところで生み出すことはできません。心理的に安全性の高い仕事の仕方や状況をつくるには、リーダーは「そのための適切な行動」をする必要があります。

エドモンドソンは、心理的に安全な職場をつくるために必要なリーダーの行動として、**❶直接話のできる親しみやすい人になり、❷自分が今持っている知識の限界を認め、❸自分もよく間違うことを積極的に示し、**

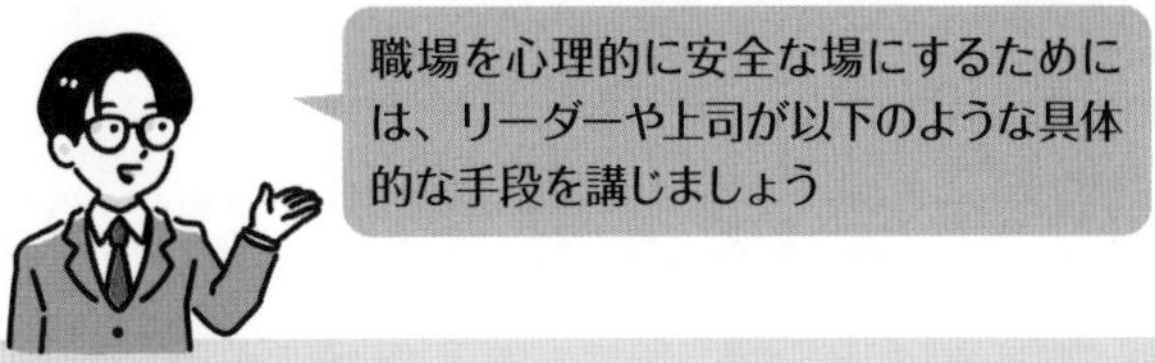
職場を心理的に安全な場にするためには、リーダーや上司が以下のような具体的な手段を講じましょう

❺ 失敗は学習する機会であることを強調する

失敗は避けがたいことであり、大切なのはその失敗から学び、共有し、再び挑戦することであるという意識をチーム全員で共有する。

❻ 具体的な言葉をつかう

曖昧な言葉ではなく、具体的ですぐに行動に移せる言葉をつかうことで、メンバーと率直な会話ができるようになり、学習もうながされる。

❼ 行動と姿勢に関する明確な境界を設ける

チームの中に行動と姿勢に関する明確な境界を設けることで、リーダーは心理的に安全な環境づくりに一役買うことができる。

❽ 境界を超えたことについてメンバーに責任を負わせる

境界を超えた行動に対して厳しい措置を取り、その理由を示すことで境界が明確になり、公正さが生まれ、メンバーは限界に挑みやすくなる。

❹プロジェクトへの参加をうながし、❺失敗は学習する機会であることを強調し、❻具体的な言葉をつかい、❼行動と姿勢に関する明確な境界を設け、❽その境界（やってよいことと悪いことの基準）を超えたことについてはメンバーに責任を負わせる必要がある、と述べています。

組織の心理的安全性を高めるうえで、リーダーは重要な役割を果たします。また、リーダーの行動なくして、心理的安全性をつくり出すことは困難です。

そのため、心理的安全性をつくり出すためには、**リーダーは失敗に対する制裁をやめ、むしろ報告を歓迎する態度を示す**一方で、**チームのメンバーにパフォーマンスと責任について期待することを明確に伝える**必要があるのです。

column②

「心理的安全性」を高めることを目的化してはいけない！

心理的安全性を高めるためには、「何のために心理的安全性を高めるのか？」という目的を、常に意識する必要があります。

繰り返しになりますが、心理的安全性を高める目的は「居心地のいい職場」をつくることではなく、組織やチームが目標を達成し、学習や成長をし続けられる状態に生まれ変わることです。そして、職場の「心理的安全性が高い」状態であれば、すべてがうまくいくというわけではありません。

そもそも**心理的安全性は、チームの機能を高めるために必要な要素として提唱されたもの**であり、近年、心理的安全性が注目されるきっかけとなったのも、Google が「生産性が高いチームは心理的安全性が高い」と結論づけたためでした。

エドモンドソンは、リーダーがどうしてもしなければならない仕事として、「心理的安全性をつくって学習を促進し、回避可能な失敗を避けること」と「高い基準を設定して人々の意欲をうながし、その基準に到達できるようにすること」と述べています。

ＶＵＣＡの時代は、多様化の時代でもあります（18 ページ参照）。これからの組織やチームには、これまで以上に多様な人材の協働が求められるようになります。そうした一人ひとりの知識やスキル、強みや専門性を活かして、どうやってチームとして成果を上げていくのかということにおいて、今後ますます心理的安全性が重要になっていくはずです。

心理的安全性を高めることによって「居心地のよさ」をつくるのではなく、メンバー一人ひとりの「やりがい」をつくり出すことが、これからのリーダーの仕事なのです。

第3章

あなたの職場の心理的安全性を高める方法

職場の心理的安全性を高めるには、どうすればいいのか？
第3章では、心理的安全性を高めるための具体的な考え方や行動、対策などを、「組織開発」という視点からひもといていきます。

心理的安全性は、「快適な環境」ではなく、「挑戦できる環境」をつくるための概念です

01

「チーム」を育てる秘訣とは?

心理的安全性を高めるうえで焦点を当てるべきは、「人」ではなく「組織」です

「人材開発」と「組織開発」の違い

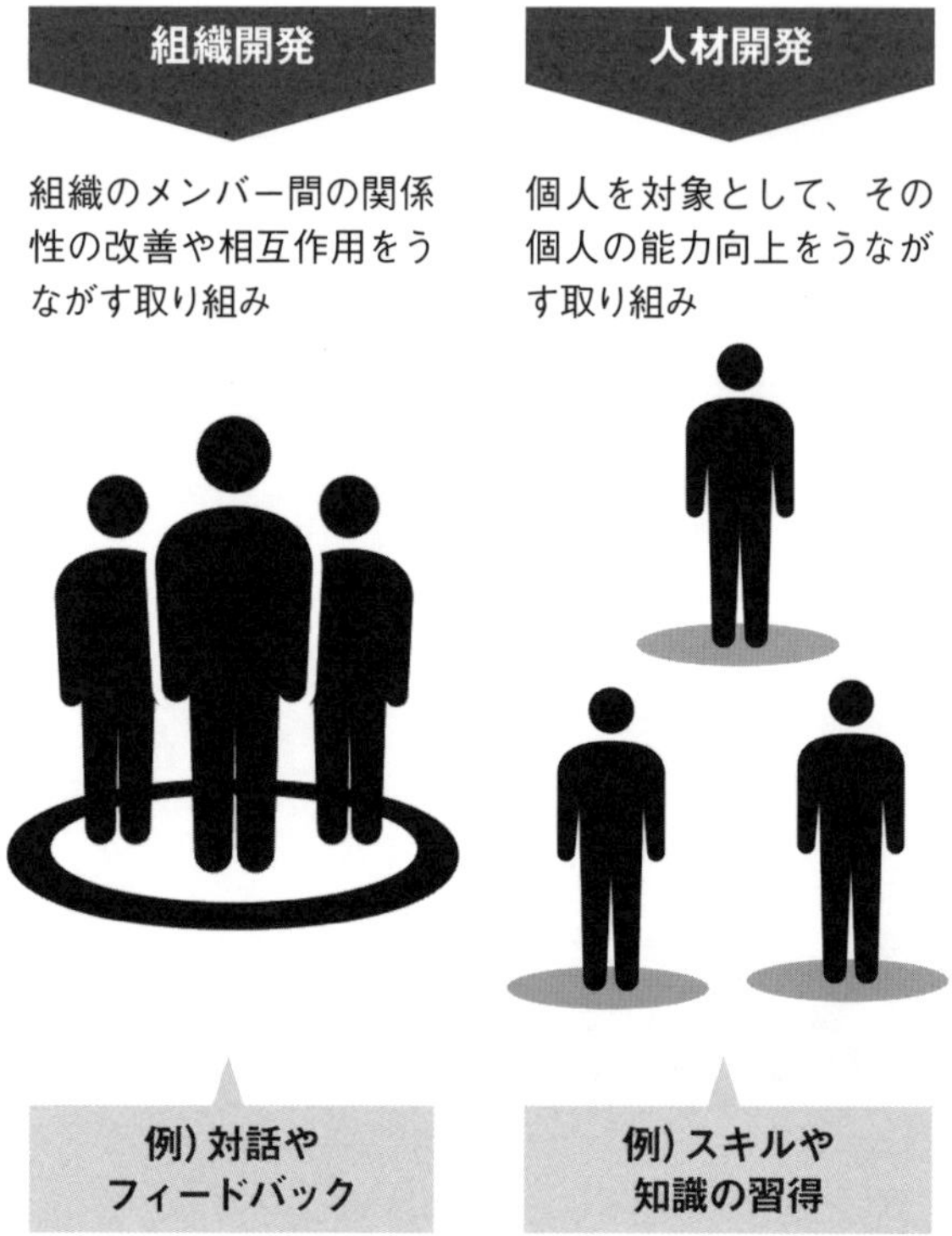
組織開発
組織のメンバー間の関係性の改善や相互作用をうながす取り組み
例）対話やフィードバック
人材開発
個人を対象として、その個人の能力向上をうながす取り組み
例）スキルや知識の習得

人材開発以上に組織開発がこれからの組織には必要

12ページで紹介したＧｏｏｇｌｅによる「プロジェクト・アリストテレス」実施のそもそもの発端は、「世界中から最高の人材を集めているのに、優れた成果を上げるチームとそうでないチームが生じるのはなぜか?」という疑問にありました。

そこでＧｏｏｇｌｅは１８０ものチームを追跡し、さまざまな角度から収集した大量のデータを解析して「効率的に成果を上げるチーム」の条件を導き出しました。

プロセス・ロスを生む原因

「プロセス・ロス」とは、集団で何かを行う過程で、コミュニケーションを取るためにエネルギーをつかったり、「社会的手抜き」の影響で、メンバーの本来持っている素質が十分に活かされなかったりして損失が生じること

対人不安

対人不安による対話不足が協力関係を妨げるほか、メンバー間における目標の認識齟齬や不適切な役割分担、モチベーションの低下などを招く

社会的手抜き

集団で作業を行う際、作業に関わる人数が増えるほど1人あたりの生産性が低下する現象。「リンゲルマン効果」とも言う

プロセス・ロスを防ぐためにも、心理的安全性の構築は不可欠です

業務の専門化と多様化

専門化や分業化による相互協力の減少に加え、職場の多様性の増大、価値観の多様化などもコミュニケーション不全の原因となっている

その条件とは、チームに「優秀なメンバーがいるか」ではなく、「メンバー同士がいかに協力し合うか」というものでした。つまり、**組織の生産性向上において重要なのは個々のパフォーマンスではなく、心理的安全性の高い環境や優れた集団的知性**であると結論づけたのです。

日本に目を向けると、これまでは個人の能力開発に焦点を当てた「人材開発」や「人材育成」が中心でした。

しかし、これからの企業戦略には、**個々の最適化を図る「人材開発」以上に、チームの最適化を図る「組織開発」が求められます**。組織やチームが心理的安全性を構築する際にも、「個人」に目を向けるのではなく、「人と人とが関わるプロセス」に焦点を当て、プロセス・ロスを最小化する組織開発を目指す必要があります。

「コンテント」と「プロセス」を表す氷山モデル

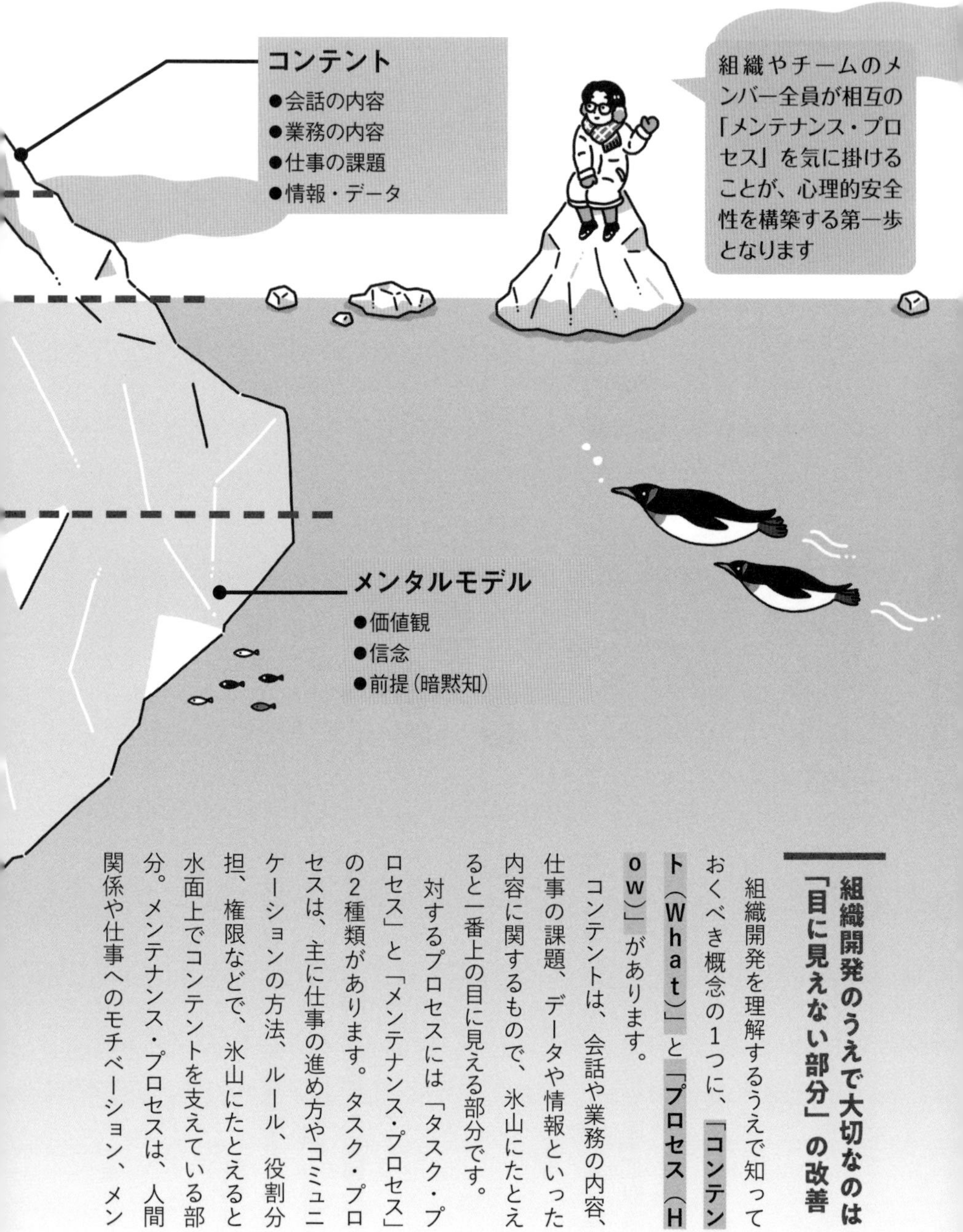

コンテント
●会話の内容
●業務の内容
●仕事の課題
●情報・データ
組織やチームのメンバー全員が相互の「メンテナンス・プロセス」を気に掛けることが、心理的安全性を構築する第一歩となります
メンタルモデル
●価値観
●信念
●前提（暗黙知）

組織開発のうえで大切なのは「目に見えない部分」の改善

組織開発を理解するうえで知っておくべき概念の1つに、**「コンテント（What）」**と**「プロセス（How）」**があります。

コンテントは、会話や業務の内容、仕事の課題、データや情報といった内容に関するもので、氷山にたとえると一番上の目に見える部分です。

対するプロセスには「タスク・プロセス」と「メンテナンス・プロセス」の2種類があります。タスク・プロセスは、主に仕事の進め方やコミュニケーションの方法、ルール、役割分担、権限などで、氷山にたとえると水面上でコンテントを支えている部分。メンテナンス・プロセスは、人間関係や仕事へのモチベーション、メン

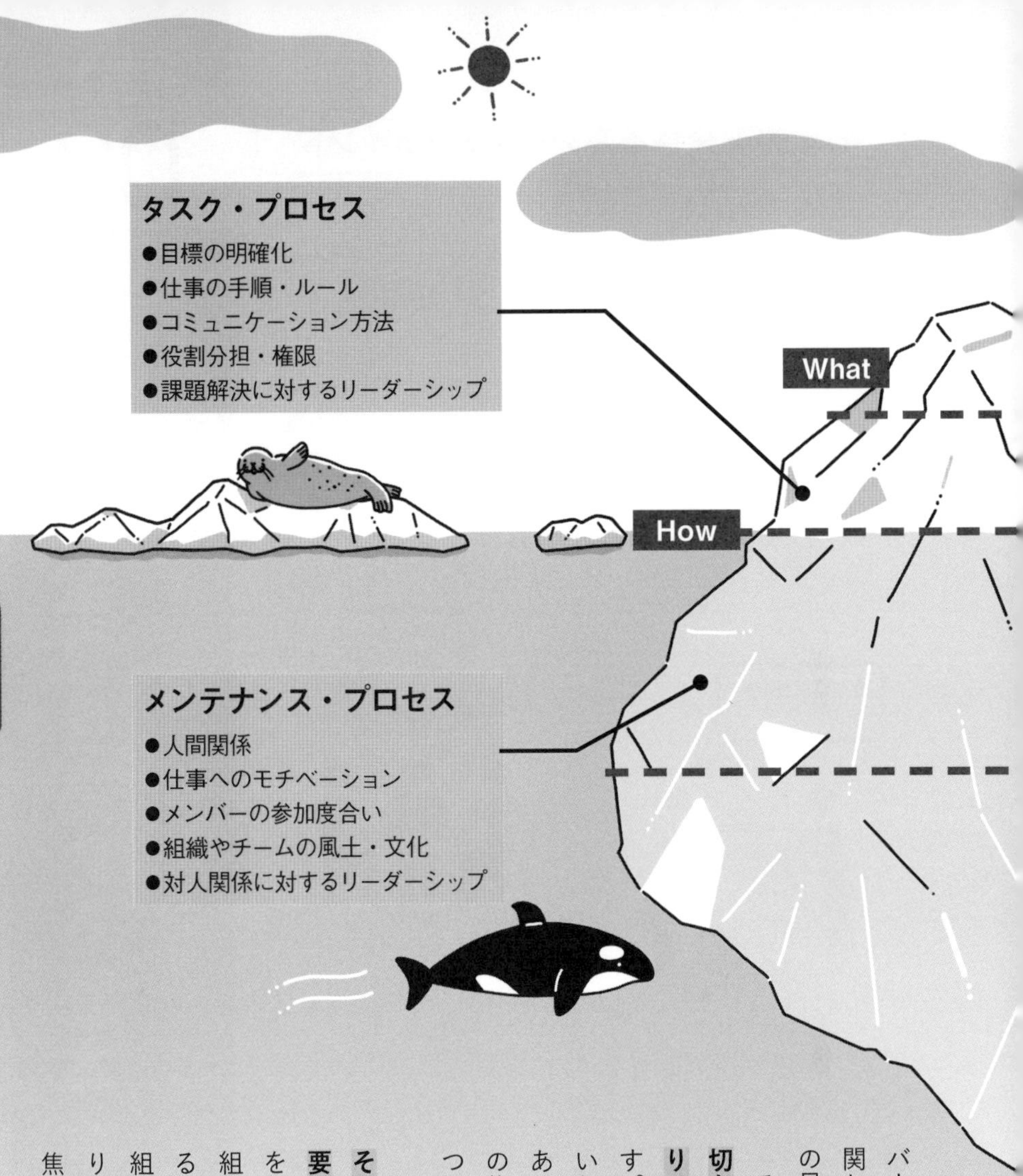

バーの参加度合いなど意識や感情に関わる領域で、氷山であれば水面下の目に見えない部分にあたります。

そして、**組織開発を行ううえで大切なのは、目に見えない部分、つまりメンテナンス・プロセスの改善**です。なぜなら「目に見える部分」はいわば現状や結果であり、要因ではありません。そのため、改善のための施策を行ったとしても、表面的かつ短期的な成果しか得られません。

一方で、**「目に見えない部分」は、その現状や結果をつくり出す土台や要因となる部分**です。組織やチームを根本から改善するためには、その組織やチーム自体の風土や文化、あるいは構成員の感情や関係性など、組織やチーム全体の判断や行動、あり方などに影響を与える根幹部分に焦点を当てる必要があるのです。

第3章

02

心理的安全性を高める基本ポイント

心理的安全性を高め、協力行動をうながすために意識すべきこととは？

チーム内の対人不安を減らし、心理的安全性をつくる

心理的安全性を高めるには、いくつかの押さえておくべきポイントがあり、とくに次の4つは重要です。

❶透明性…人は誰でも、情報や状況、先行きなどが不透明な状態だと、不安になります。また、コロナ禍によって拡大したテレワークの環境では、対話が減り、情報や自分の置かれた状況も不透明になりがちです。**心理的安全性を築くには、常に情報の透明性を高く保つ意識が必要**です。

❷尊重…組織やチームに属してい

心理的安全性を高める4つのポイント

❶ 透明性

人は不確実で不透明なものごとに対して不安を感じる。情報の透明性を高めることで発言に対する恐れが低減される

これがチームの業績です。改善点はどこかな?
思ったより粗利率が低いな

❷ 尊重

人は「尊重されていない」と感じると居場所がないと感じ、発言への不安も高まる。相手の存在自体を認める意識が大切

今日は高田さんの誕生日です
おめでとう
おめでとう

心理的安全性を阻害する「対人不安」を減らすためには、以下の４つのポイントを常に意識しておきましょう

❸ 主体性

人は「他人から押しつけられたもの」に反発を覚える。自ら選び、決めたと認識することで、やる気や自主性が芽生える

そのがんばり
応援してます
このアイデアを
実現させる!

❹ 公平性

人は組織の中で不公平に扱われるとやる気を失う。心理的安全性を築くには、とくに「機会」「発言」「承認」の平等性が大切

ると、つい「好き・嫌い」や「できる人・できない人」といった感情論や評価視点で人を判断しがちになります。もちろん結果や成果に対する正当な評価が必要なときはありますが、**「人そのもの」を評価してしまうと心理的安全性が低下します。**

❸主体性…人は「押しつけ」に対して抵抗を感じます。「自分が選んだ」「自分がやると決めた」と主体性を持って仕事に挑むことにより、仕事に対するモチベーションも上がっていきます。

❹公平性…心理的安全性の有無の指標とも言える**「率直な発言」をうながすには、組織やチーム内の公平性や平等性を保つ**必要があります。また、当然ながら「公平に扱われていない」と感じているメンバーのモチベーションは下がります。

第3章

03

チームの状態を客観的に把握しよう

人によって感じ方が異なる「心理的安全性の高さ」を〝見える化〟する方法とは？

心理的安全性を数値化して チーム内のズレを認識する

心理的安全性を構築するための第一歩は、「今、自分たちのチームがどういう状態なのか」を知ることです。

同じチームの中でも、リーダーや率直な発言ができている人は「このチームは心理的安全性が高い」と感じているかもしれませんが、そうでない人たちの中には「心理的安全性が低い」と感じている人がいるかもしれません。そうしたズレを認識するためには、**組織やチームの心理的安全性を数値化し、客観的に把握す**

認識のズレを客観的に把握する

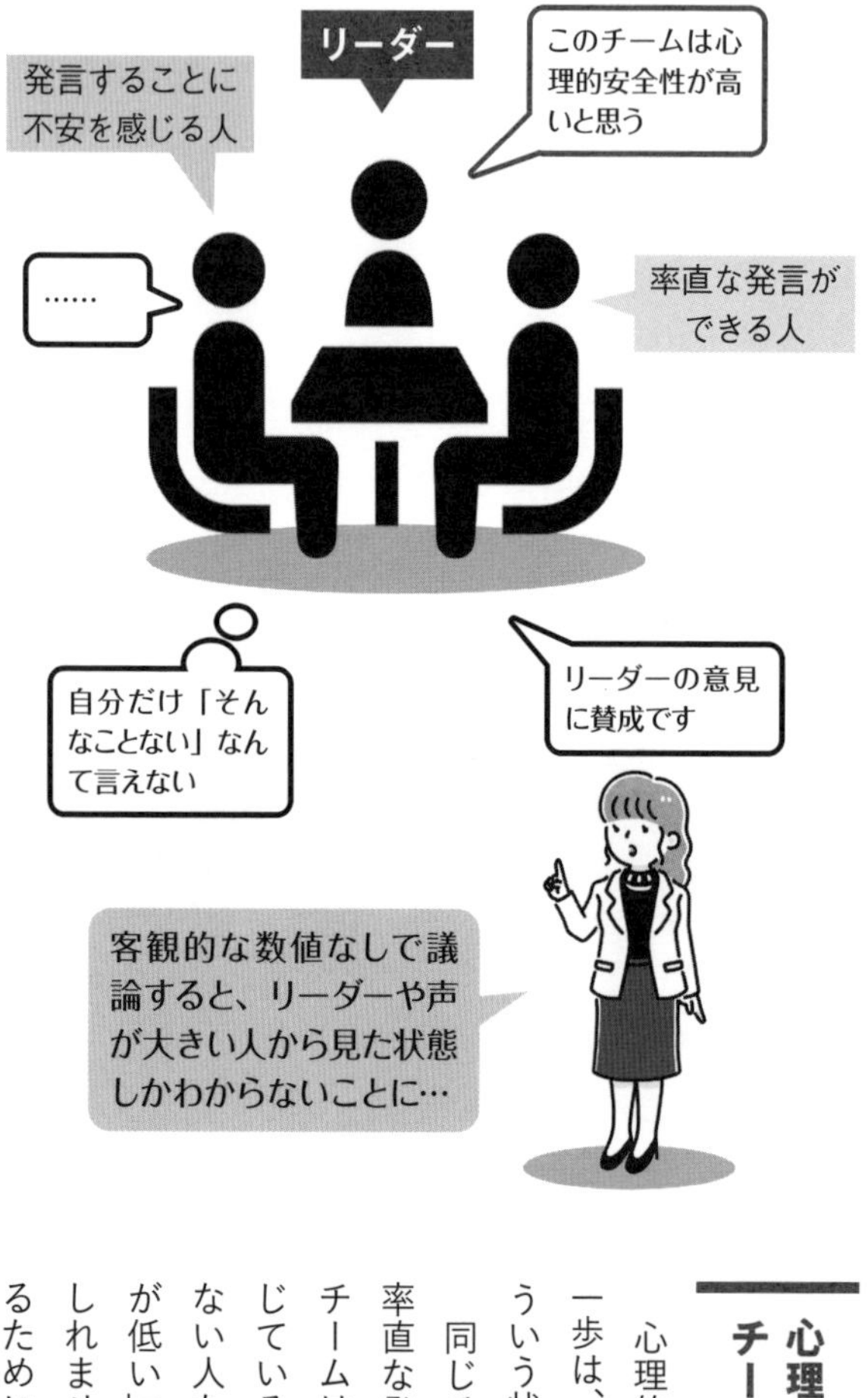
リーダー
発言することに不安を感じる人
このチームは心理的安全性が高いと思う
……
率直な発言ができる人
自分だけ「そんなことない」なんて言えない
リーダーの意見に賛成です
客観的な数値なしで議論すると、リーダーや声が大きい人から見た状態しかわからないことに…

チーム状態を客観化する際に注意すべきこと

「現状」を数値化することでチームの課題が客観視できるようになり、メンバー同士でお互いの認知の違いについて議論できるようになります
1 メンバー全員で同じ数字を見る
これが結果です。「自分の認識とかなり違った」という人もいるかもしれません
2 変化を見るために定点観測する
この1年でだいぶ変化がありました。でも、ゴールはまだまだです

る必要があります。そのための方法として、30ページで紹介したエドモンドソンによる「心理的安全性を測定する7つの質問」を活用するといいでしょう。ただし、メンバーの本音を聞くためには、無記名で行うなど匿名性を保つことが重要です。

一般社団法人チーム力開発研究所が開発した「チーム力診断サービス」（※）の活用もお勧めです。このサービスでは、心理的安全性だけでなく、チームとして必要な協力や学習、目標共有など、チームで成果を上げるために必要な要因の状態が、数字で把握できるようになっています。なお、こうした**「診断」は、一度行うだけではあまり効果がありません**。変化を見るためにも、2カ月ごと、あるいは半年ごとなど、負担にならない範囲で定期的に実施しましょう。

※一般社団法人チーム力開発研究所「チーム力診断サービス」
https://team-iq.co.jp/servicediagnoses/

第3章

04

「対話」でチームの現状を知ろう

メンバーの「本音を聞き出す」ことで、チームの心理的安全性を探るコツとは？

対話のルールとテーマ（例）

対話のルール（例）
❶普段なら言わないであろう本音を全員が共有する
❷相手の話は最後まで聞き、否定しない。腕組やしかめ面は禁止
❸立場や役職は持ち込まず対等に接する
対話の際にはこのようなルールを決めておきましょう
対話を行う際には、こうした「話し合うテーマ」も決めておきましょう
対話のテーマ（例）
❶あなたはチームが十分に機能していると思いますか？
❷あなたが感じるチームの課題とは？
❸どうすれば、今より学習できるチームになると思いますか？

チームの現状を知るために メンバーの本音を聞き出す

チームの現状を知るためには、対話することも大切です。このときに意識しておきたいのは、**会話でも議論でもなく、あくまでも〝対話〟をする**ということです。

理想的なのは、前ページでお勧めした「客観化した数値」をもとにして対話を進めることですが、それが難しい場合は、組織やチームが抱えている課題や、よりよくするための対策などを話し合ってみましょう。

対話を進めるときは、「上司が独

本音を聞き出す対話の進め方（例）

1. 本題に入る前にアイスブレイク（※1）やチェックイン（※2）を行う
2. 本題に入ったら、リーダーが最初に弱音や本音を発言する
3. 参加者全員に、平等に発言の機会を設ける
4. 相手の意見は否定せず、「なるほど」「そういう考え方もあるんだね」と前向きな受け答えをする
5. 自分と反対の意見が出たときには、「なぜそう思うのか」「なぜそれが大事なのか」を質問する
6. チェックアウト（※3）を行う

対話をうまく進めたり、まとめたりすることよりも、「本音の意見を聞き出す」ことに重点を置きましょう

※1 アイスブレイク…緊張をほぐすために行う簡単なゲームや遊び、自己紹介など
※2 チェックイン…対話をはじめる前に参加者全員がひと言ずつ話すこと
※3 チェックアウト…対話のあとに、感じたことや考えたことなどを一人ずつ話して振り返る

断的でものが言いにくい」「チーム全体のモチベーションが低いと感じる」など、**普段は「言いにくい」「言えない」と感じていることを意識的に発言し、拾い上げる**ことで本質的な課題が見えてきます。

こうした、「普段は言えないこと」を話してもらうためには、たとえ耳に痛い内容だったとしても、相手の話を途中で遮ったり否定したりせず、すべてを受け入れる姿勢を示す必要があります。また、相手に本音を話してもらうためには、**聞く側の「こうあるべき」という思い込みや自分の価値観を排除し、最後まで話を聞く**という姿勢も大切です。

なお、対話をはじめる際には、リーダーが最初に「弱音」や「本音」を発言すると、メンバーも自分の本音を話しやすくなります。

第3章

05

チームの「目標と目的」を共有しよう

「チームの共通目標」を設定すると、メンバーのやる気とモチベーションは上がります

チームと個人の目的を合致させることが重要

チームの現状や課題を共有したあとは、チームの存在意義とも言える「目的」を共有します。

心理的安全性に繋《つな》がる**組織・チームの目的は、メンバーの一人ひとりが「やりがいを感じるか」「主体的にやりたいか」「わくわくするか」といった点が重要**です。チームと個人の目的が合致することで、個人に当事者意識が芽生えて「チームのために言うべきことは言う」という熱意やモチベーションが生まれます。

目標を設定する「SMARTの法則」

目標を設定する際には「SMARTの法則」を意識しましょう

Specific（具体的）
第三者でもわかる具体的な目標になっているか？

Measurable（計測可能）
目標の達成度合いがわかる定量的な設定か？

Achievable（達成可能）
現実的に達成可能な目標を設定しているか？

Relevant（関連性がある）
組織の目標やビジョンに関連しているか？

Time-bound（期限が決まっている）
目標達成までの期限が明確かつ妥当か？

モチベーションを高める3つの要素

デシとライアンは、内発的動機づけを高めるには３つの要素が重要だと述べています
1
自律性
(Autonomy)
自分の行動を自分自身で決定したいという欲求
よし！
2
有能感
(Competence)
自分の能力を発揮して有能さを示したいという欲求
3
関係性
(Relatedness)
他者や集団と緊密な関係を築きたいという欲求

また、メンバーが問題に気づいたとしても、共通の目的を理解して心にかけていなければ、解決のために協力して努力することはできません。

もちろん、会社は存続や成長のために利益を上げる必要があり、個人は給料のために働くという側面は否定できません。しかし、「お金のため」という低次の目的しかないと、人はなかなかやりがいや内発的動機づけ（※）を見いだせず、心理的安全性も築けません。

ちなみに、自己決定理論を提唱したアメリカの心理学者エドワード・デシとリチャード・ライアンは、**「自律性、有能感、関係性の3つの心理的欲求が満たされれば、モチベーションとパフォーマンス、ウェルビーイング（精神的健康）が向上する」**と述べています。

※内発的動機づけ…本人の内なる欲求から生まれる強い興味や関心、意欲による動機づけ。これに対し、報酬や名誉、評価といった外的要因による動機づけを「外発的動機づけ」と言う。

「OKR」を運用する際の手順

以下は、企業がOKRを導入する場合を想定した大まかな運用の流れです

❶ 企業のOKRを設定する

達成目標は、基本は1つに絞る。ただし、異なる事業を展開している場合は、事業ごとに設定してもよい。設定したOKRを各部署やチームに展開してフィードバックを受け、必要であれば修正する。

❷ 各部署・チームのOKRを設定する

企業のOKRにもとづいて、その達成に向けた各部署やチームごとのOKRを設定。メンバーに展開してフィードバックを受け、必要であれば修正する。

POINT

達成目標（Objectives）の設定

- 数値で測れない（定性的な）目標とする
- 挑戦的な目標を立てる
- シンプルな目標とする
- 1カ月〜四半期（3カ月）で達成できる目標とする

主要な成果（Key Results）の設定

- 数値で測れる（定量的な）指標とする
- 目標の数は2〜5つ程度
- 達成の可能性が50%程度の高い指標を設定する
- 目標達成に繋《つな》がる指標とする

チームの目標と達成度を測るための指標「OKR」

心理的安全性の構築に必要となる「チームの共通目標」を設定する方法の1つとして、44ページで紹介した「OKR《オーケーアール》」もお勧めです。OKRは、1979年に米企業のインテルによって考案された目標管理手法です。**OKRで設定する「目標（Objectives）」は数値で表すようなものではなく、実現したい状態（定性目標）とします。**そして、その目標を達成するために必要な「主要な成果（Key Results）」を2〜5つ設定します。**主要な成果は、目標達成までの進捗を測るための指標となるもので、数値で測れることが条件となります。**たとえば、目標が「ブランドを確立して業界の

さまざまなOKR管理ツールがあるので、予算があればそうしたツールを購入してもいいでしょう

③ 個人のOKRを設定する

各部署・チームのOKRにもとづいて、リーダーと相談しながら個人のOKRを設定する。チーム内でメンバー同士のOKRを共有し、必要であれば修正する。

④ 週次で進捗を確認する

目標達成に向けて業務に取り組み、週に一度のチームミーティングや1 on 1ミーティングで進捗確認する。

⑤ 中間レビュー（振り返り）

設定した期間の中間地点で達成度を振り返り、必要であればOKRの設定を修正する。

⑥ 最終レビュー（評価）

設定期間の終了時点で達成度を評価。達成度は60～70％で成功と判断し、70％以上の場合は次回にもう少し高い目標を設定、60％以下の場合はその原因を分析して次の目標設定に役立てる。

POINT

意図的に目標を低く設定することを避けるため、目標達成度は報酬や昇格などの評価に連動させない。

リーディングカンパニーになる」であれば、主要な成果は「受注数を○倍にする」「ブランド認知度を○ポイント上げる」「市場占有率を○ポイント上げる」などと、事後に達成度合いが計測できるものとします。

ＯＫＲで設定される目標は、１カ月～四半期（３カ月）で達成できるものとし、週次など頻繁にミーティングを行って進捗をチェックして、必要であれば軌道修正します。ほかにも「60～70％の達成でも十分なほどの高い目標を立てる」「組織の全員に公開する」「失敗は改善のためのデータととらえる」などいろいろなルールがあります。そのルールに則って、目標設定と実践、振り返りと改善を繰り返すことで、自然と組織やチームの挑戦をうながし、透明性や心理的安全性も高まっていきます。

06

チーム独自の「ルール」をつくろう

透明性の高い組織やチームが設けている「明確なルール」とは？

ルールはメンバー全員で意見を出し合って決める

透明性の高い組織やチームをつくるうえで、ルールは非常に大切です。ルールや基準が明確でないと、メンバーは「空気を読む」ことを余儀なくされ、余計な詮索や忖度などをするようになってしまいます。そうなると、本来すべき仕事に集中できなくなり、無駄な時間やコミュニケーションも増えます。そうした事態を避けるためにも、ルールや基準を明確にし、透明性の高い組織をつくることは重要です。

透明性の高い組織やチームのルール（例）

- 自分から挨拶する
- ミスの報告には怒らず歓迎する
- 全員の仕事に感謝の気持ちを持つ
- 会議では全員が発言する
- 反対するときは自分の提案も示す
- 質問するときは自分の考えも示す
- 悪口やうわさ話はしない

明確なルールや基準を決めることで、チームの透明性や心理的安全性が高まります

ルール定着のための3つのポイント

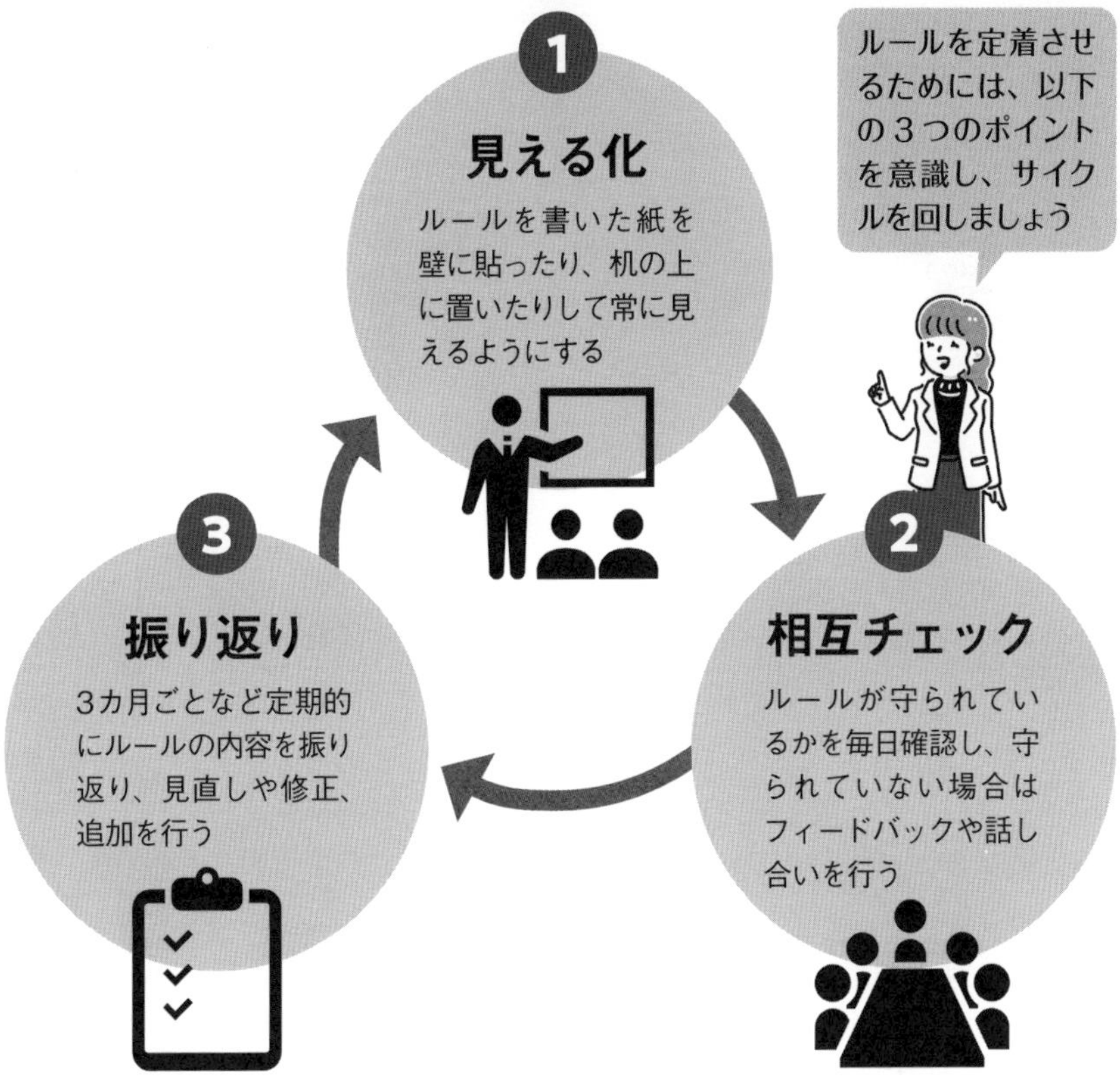
ルールを定着させるためには、以下の３つのポイントを意識し、サイクルを回しましょう
1
見える化
ルールを書いた紙を壁に貼ったり、机の上に置いたりして常に見えるようにする
2
相互チェック
ルールが守られているかを毎日確認し、守られていない場合はフィードバックや話し合いを行う
3
振り返り
3カ月ごとなど定期的にルールの内容を振り返り、見直しや修正、追加を行う

ルールに関しては、経営理念やビジョンを実現するために、どのように行動すべきかを示した「行動指針」を定めている会社も多いですが、実際のところ、行動指針が社員の間に十分に浸透しているという会社は少ないです。

ルールをつくる際に意識すべきなのは、**「組織やチームの透明性や心理的安全性、学習や改善の機能を高めるためにつくる」**こと。つまり、コミュニケーションを健全かつ円滑にするためのルールづくりを心がけるということです。また、人は上から押しつけられたルールよりも、自分（たち）でつくったルールのほうが「守ろう」という意識が高まります。そのため、特定の人だけで決めるのではなく、メンバー全員で意見を出し合って決めることも大切です。

風通しのよい環境をつくる挨拶の重要性

いつも落ち込んでてつき合いづらいな…
ハァ…
部下
上司
ミスの報告なんてできない…
部下
上司
ブスッ
明るい挨拶をルール化することで職場が明るくなり、メンバーのモチベーションや心理的安全性も高まります
今日も１日がんばります！
今日も１日よろしく！
おはようございます
おはようございます
部下
上司

「当たり前のこと」こそルール化して徹底する

挨拶は、相手との関係性をつくり、心理的安全性を高めるための基本中の基本です。「たかが挨拶程度で何が変わるの？」と思う人もいるかもしれませんが、**挨拶は相手と自分との間にある余計な摩擦や軋轢を取り除き、風通しのよい環境をつくるための第一歩**となります。とくに上司やリーダーが朝から機嫌が悪く塞ぎ込んでいては、メンバーも朝から機嫌をうかがって忖度しなくてはならず、心理的安全性など到底望めません。

エドモンドソンは、心理的安全性がある職場の特徴として、**「ポジティブな発言が多い」「日頃から成功だけでなく、ミスや問題についても話をする」「職場に笑いとユーモアが**

心理的安全性のある職場の特徴

❶ ポジティブな発言が多い
提案があります!
❷ 日頃から成功だけでなく、ミスや問題についても話をする
ご報告がありまして
なんでしょう?
❸ 職場に笑いとユーモアがある
なんでやねん!
これらの「特徴」は、日頃から明るい挨拶や気づかいの声かけを心がけることで醸成されていくのです

ある」という3つをあげています。

立場の上下に関わりなく、自分から明るく挨拶することをルール化することは、この3つの特徴をつくり出す土台となります。

日頃の声かけも、挨拶と同じくらい大切です。ちょっとした気づかいの言葉は、自分が思っている以上に相手を励ますものです。

挨拶や声かけといった「当たり前のこと」をわざわざルール化する必要などないと感じる人もいるかもしれませんが、調子が悪いときや不機嫌なときには、こうした当たり前のことを忘れがちになります。だからこそ、ルール化することでその重要性を改めてメンバー間で認識し、常に意識して行動することで、おのずと職場の風通しがよくなり、心理的安全性がつくられていきます。

第3章

07

安心して話せる「対話の場」をつくろう①

メンバー同士がお互いの理解を深めることで心理的安全性が高まります

対話のレベル

対話のレベルを認識し、よりレベルの高い対話を目指しましょう

レベル1

儀礼的会話

本音を隠し、建前のやりとりをする見せかけの会話

レベル2

討論

自分の意見や主張を率直に話す、対立関係の対話

レベル3

探求的対話

自分の意見に固執せず、相手の立場も尊重して行う対話

レベル4

創造的対話

お互いの違いや境界を超え、新しいものを生み出す対話

対話を通してメンバー同士の理解を深めていく

対話は、会話とは異なります。ちなみに辞書では、会話を「複数の人が互いに話すこと」、対話を「向かい合って話し合うこと」（『デジタル大辞泉』より）と説明しています。

つまり、会話はただ話すだけでも成立しますが、対話は相手と向かい合い、異なる意見があることを受け止め、理解し合うことではじめて成立します。そして**心理的安全性を高めるには、組織やチーム内で「対話（ダイアログ）」を重ね、お互いが理**

「対話の場」を変えると話しやすくなる

たまには普段の会議室とは違う場所で対話してみるのもお勧めです
貸し会議室やレンタルスペース
会議向けのレンタルスペースは、もともと会議用として用意された場所のため備品や設備の準備の手間が少なくすみ便利
喫茶店
少人数のミーティングであれば、コーヒーや軽食などをはさみながらリラックスして対話ができる喫茶店がお勧め
場所を変えることで、緊張がほぐれて本音が話しやすくなります

解を深めていく必要があります。

ちなみに、対話には右ページにあげた4つのレベルがあるとされています。心理的安全性がないチームでは、最初は「レベル1」かもしれませんが、対話を通して段階的にレベルを上げていく必要があります。

多くの職場では、日頃から打ち合わせや会議が行われていますが、そうした場では進め方やしきり役、発言者などが固定化しているため、いきなり対話を深めるのは困難です。そのため、普段とは場所やテーマを変えるなどして、「対話を通して心理的安全性を高める」ことそのものを目的とした対話の場をつくりましょう。対話のテーマは、課題の共有や課題解決に向けた取り組み、目的やルールの見直しなど、メンバーが話しやすい内容を選びましょう。

心理的安全性を高めるミーティングのポイント

❶事前準備

効果的な会議やミーティングを行うためには、入念な事前準備が必要。事前に時間配分も決めておく。

- 会場の確保
- 参加者への連絡
- 議題（目的）とゴールの設定
- 資料づくり
- 本番での役割分担

時間厳守はあらゆるルールの基本です。ミーティングは必ず時間どおりに開始し、時間どおりに終えましょう

ミーティングの際もルールを明確にしておく

66ページでも解説したとおり、心理的安全性を高めるためにはルールや基準を明確にする必要があります。会議やミーティングにおいても、事前にルールを決めておきましょう。

その際、**立場の上下や年次、忙しさなどで区別せず、全員が同じルールに従う**ことが大切です。また、当日になってから「業務の都合で欠席（遅刻）する」という人がいるとルールが曖昧になってしまうため、事前に欠席や遅刻の連絡をもらうようにしましょう。

ミーティングを行う際には「事前準備」「本番（ミーティング）」「まとめ」という3つの取り組みが大切です。

ミーティングを終えたら、リーダーは短くていいので「うまくいったか、いかなかったか」と「その原因の振り返り」を行いましょう

❷本番（ミーティング）

心理的安全性を高めるためには、司会役が目配りして「全員が発言できる場」をつくることを意識する。

- 本題に入る前にアイスブレイクで緊張をほぐす
- 最初に当日の議題（目的）を提起し、ゴール（その日に決めたいことなど）を共有する
- スケジュールと時間配分を伝える
- 司会役はなるべく聞き役に回り参加者の発言をうながす

❸まとめ

ミーティングの結果をまとめ、決定事項を発表。ルール同様、終了時間も厳守する。

- 意見をまとめ、決定事項や結論を発表
- 振り返り（メンバー全員に気づきや感想を聞く）
- 持ち帰り事項や宿題をまとめる
- 決定事項を議事録で共有
- 必要な場合は個別フォローを行う

❶事前準備…ミーティングの前日までに議題（目的）やゴール設定、資料などを参加するメンバーと共有。前回のミーティングで宿題があった場合には、事前に宿題の実施状況を確認しましょう。また、当日にバタバタしないように、司会や議事録担当者、板書担当者などの役割分担も決めておきます。

❷本番（ミーティング）…最初はリーダーが自ら司会役（ファシリテーター）を務め、2回目以降はメンバーの参加意欲を高めるためにも、司会役を含めた各役回りを持ち回りで行うといいでしょう。また、司会進行の際は61ページで図解した「対話の進め方の例」を意識しましょう。

❸まとめ…意見をまとめて決定事項を発表。感想の共有や振り返りも行いましょう。

08 安心して話せる「対話の場」をつくろう②

心理的安全性を築く手法として「1on 1ミーティング」も効果的です

「1on1ミーティング」を行うポイント

1～2週間に1回程度で定期開催する
会社の個室や喫茶店などプライバシーが確保できる場で行う
本題に入る前に雑談などアイスブレイクを入れ緊張をほぐす
話し合うテーマ（仕事、キャリア、チームの課題、悩みなど）はなるべくリーダーではなくメンバーが決める

相手の話を否定せず、相手が話したいことを聞く

心理的安全性を高めるには、もちろんメンバー同士の信頼関係を築くことも大切ですが、その前に、まずはリーダーとメンバーの間に信頼関係を築く必要があります。そのための手法の1つとして有効なのが「1on 1ミーティング」です。

心理的安全性をつくることを目的とした1on 1ミーティングを行う場合には、単純に「1対1で話せばいい」というわけではありません。

お互いに忙しい中せっかく時間を

リーダーは「話す」のではなく「聞く（傾聴する）」
「うまくやろう」と思わず、「雑談しよう」くらいの気持ちで臨む
リーダーは自分の「成功例」や「武勇伝」よりも「失敗談」を語る
リーダーはメンバーが話したくなるような質問を心がける
1 on 1ミーティングを有意義なものにするために、リーダーは「聞く」スキルと「質問する」スキルを磨きましょう
メモを取り、ミーティングの最後に振り返りを行う
単なる業務の打ち合わせ、報告の場にしない（ただし、相談されたら受ける）

つくったのですから、オフィスでするような業務の話ばかりではなく、お互いのことを知り合ったり、業務中には相談できないことを話したり、お互いにフィードバックしたりするなど、**1対1の場でしか話せないことを話すように意識しましょう**。

1on1を行う際にリーダーが心がけるべきことは**「メンバーの話を否定せずに聞く」**という姿勢です。自分の考えを押しつけたり、自分の聞きたいことばかり聞こうとしたりするのではなく、リーダーがメンバーに興味や関心を持って「メンバーが話したいことを聞く」ことを心がけましょう。

また、ミーティングを有益なものにするためには、事前にメンバーの情報（仕事の状況や家族構成、残業量など）を調べておくといいでしょう。

09 信頼し合える「人間関係」を築こう①

メンバー同士がお互いを知ることで安心感が高まり、チームワークが育まれていきます

共感が「助け合い」を生む

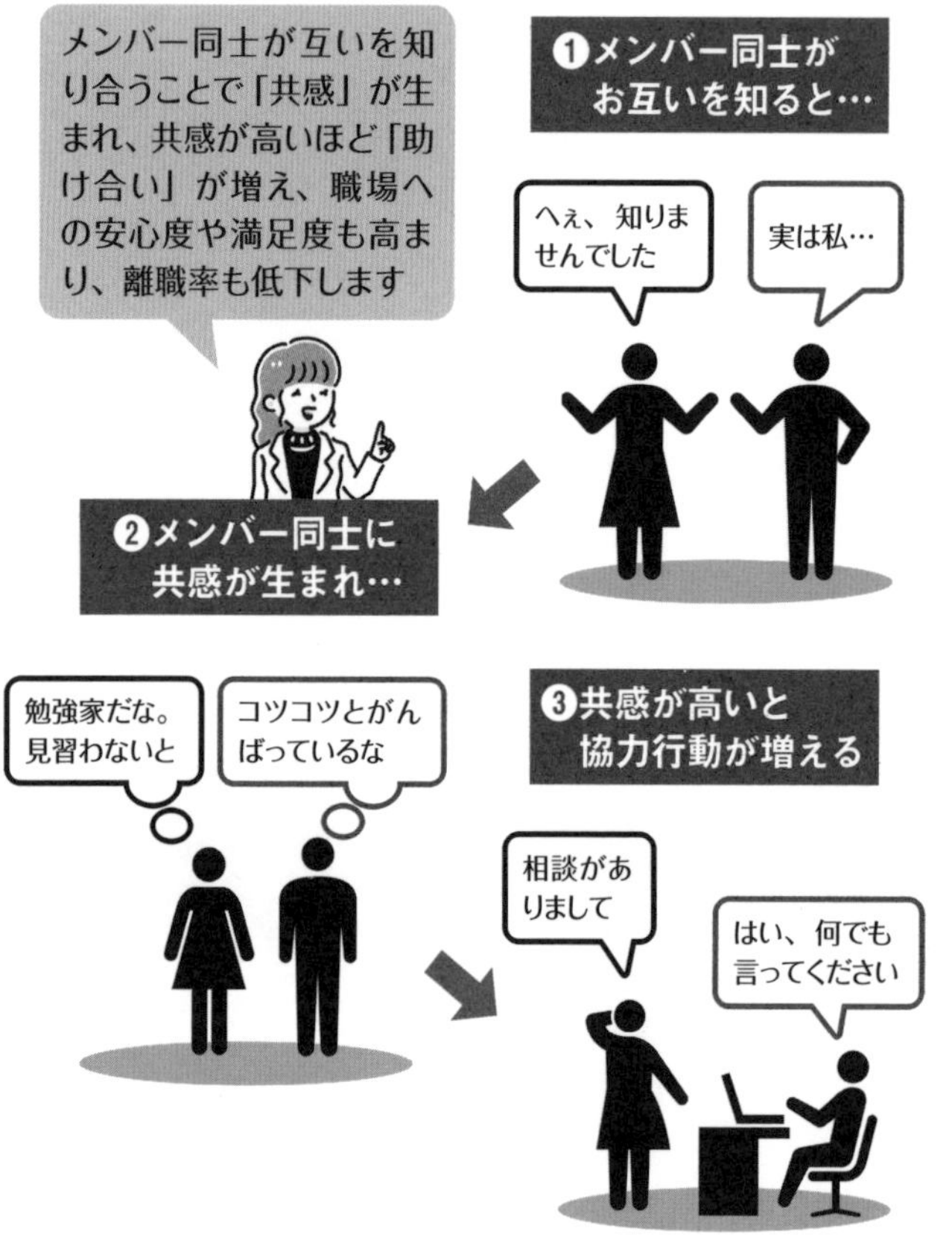
メンバー同士が互いを知り合うことで「共感」が生まれ、共感が高いほど「助け合い」が増え、職場への安心度や満足度も高まり、離職率も低下します
❶メンバー同士がお互いを知ると…
へぇ、知りませんでした
実は私…
❷メンバー同士に共感が生まれ…
勉強家だな。見習わないと
コツコツとがんばっているな
❸共感が高いと協力行動が増える
相談がありまして
はい、何でも言ってください

メンバー同士がお互いのことを知る機会をつくる

心理的安全性を高めるためには、リーダーと各メンバーだけではなく、メンバー同士がお互いのことを知り、共感性や信頼関係をつくり出すことも大切です。そのためには、業務上の会話だけではなく、ときにはお互いの趣味や好きなものといった私的なこと、あるいは出身地や専門性などのバックグラウンドについて話す機会をつくるといいでしょう。

メンバー同士で、相手が置かれている状況を知ることも大事です。た

「共感」を生む3つのポイント

相手が置かれている状況を知る

育児や介護を抱えているか、健康状態が良好かなど、相手が置かれている状況を知ることで、相互に助け合えるチーム環境をつくることができ、心理的安全性も高まる。

お互いの私的なことやバックグラウンドを知る

お互いの家族構成や子どもの有無、趣味といった私的なことや、前職や出身地、専門領域、会社で親しくしている人などのバックグラウンドを知ることで、チーム力が高まる。

相手との共通点や相違点を知る

相手との共通点を知ることで親近感が生まれる。また、相手との相違点の背景を知ることで、お互いの違いを受け入れやすくなり、協力関係も築きやすくなる。

近年の研究では、メンバー同士が業務とは関係ないお互いの情報を知っているほど、チーム力が上がることがわかっています

とえば、忙しくてなかなか有給が取れないと思っているときに、頻繁に休むメンバーがいたら「なんで自分ばっかり……」と不快に感じる人もいるでしょう。しかし、実はその「休みがち」なメンバーが介護や育児などで休まざるを得ない状況であることを知れば、「それなら仕方がない」と納得できる人は多いはずです。

相手との共通点や相違点を知り、お互いを理解することも重要です。一番簡単なのは、やはり「お互いの共通点を知る」ことです。共通点を知れば、多くの人は相手に親近感を覚えます。一方で、相手との相違点を知り、受け止めることも必要です。相手との違いを認め、理解するためには、右に書いたように相手の背景や状況、その人が大切にしている価値観などを知る必要があります。

「メンバー同士の1on1」の進め方のコツ

最初は雑談や趣味の話などからはじめて、回を重ねて親しくなってきたら、相手の置かれた状況や背景などにテーマをシフトしていくといいでしょう

全員と平等に行う

自分が「話しやすい」と感じる人とばかり話していると仲間内の内輪話と同じになってしまうので、全員と平等に話す機会をつくる。

気軽に楽しく行う

2～3分、あるいは5分前後など時間を短めに設定し、話す内容も限定しないことで、気軽に楽しく行うことができる。

話した内容を共有する

誰と誰がどんな話をしたかをメンバー間で共有することで、ほかのメンバーへの新しい気づきが増え、相互理解も深まる。

テーマを決めて話す

何を話せばいいかわからず不安という場合は、「趣味」「健康」「仕事上のキャリア」「自分の得意分野」などテーマを決めて話す。

メンバー同士の「1on1」と雑談を増やす工夫をする

メンバー同士の人間関係を築く手法としては、次の2つが有効です。

1つめは、**メンバー同士の「1on1ミーティング」**です。とはいえ、忙しいときにメンバー同士の1on1ミーティングを頻繁に行うのは難しいでしょう。そんなときは、せめて新入社員や新しく部署に配属された社員などを対象に、1対1で話す機会をつくりましょう。1回でも個別に話す機会があれば、以降は格段に話しかけやすくなります。

メンバー同士の1on1を行う際には、気軽で楽しい雰囲気づくりも大切です。「どうしてもやらなくては」などと義務的に感じていると、「忙しいのになんでこんなことを…」

職場での「雑談」のメリット

悩みや困ったことを相談できる
アイデアやヒントが生まれる
情報共有ができる
楽しい時間が過ごせストレスが減る
相手の価値観がわかる
相手の状況や状態がわかる
人間関係がよくなり仲間意識が芽生える
とはいえ雑談の時間が長すぎると本来の業務に支障を来すので、メリハリを大切に！

などと思ってしまい、逆効果になってしまいます。また、特定の人とばかり話すのではなく、全員と平等に行うことを心がけましょう。

2つめは、**雑談を増やす工夫をする**ことです。以下は、日立製作所の研究グループが実際に調査した例です。ある企業のコールセンターのAとBは、同じ業務を同じしくみで行っているのに、業績には明確な差がありました。その違いを調べたところ、Aには昼食を食べたり休憩したりできる喫茶スペースがあり、Bにはないというだけでした。そこで、Bにも喫茶スペースをつくったところ、Bの業績がAに近づいたのです。つまり、喫茶スペースがあることで食事や休憩の際に雑談が生まれ、その**雑談が相互理解を深め、人間関係をよくするうえで役立っていた**のです。

10 信頼し合える「人間関係」を築こう②

お互いの性格を知り、接し方を工夫することで無駄な衝突は避けられます

4つのコミュニケーションタイプ

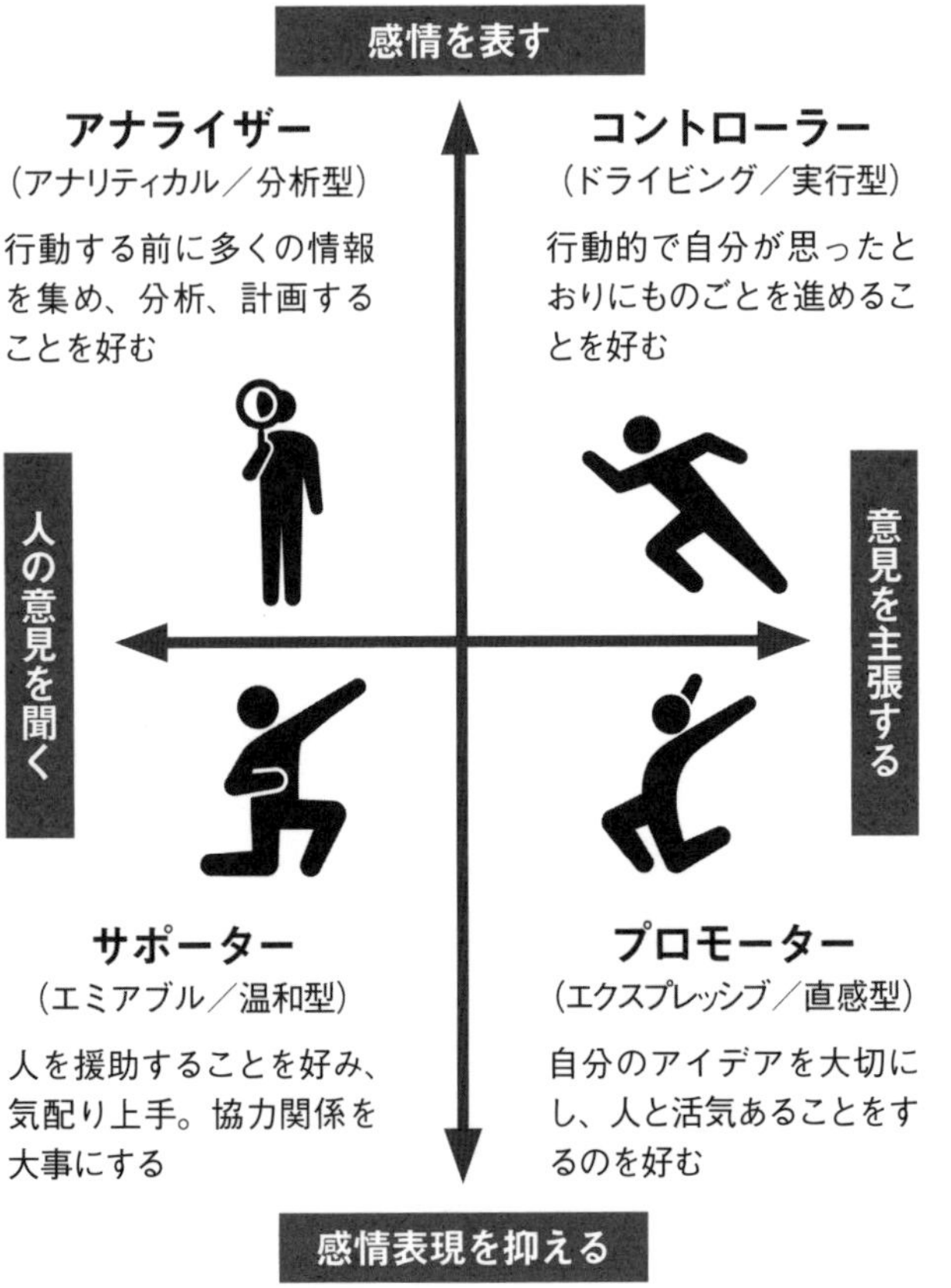

感情を表す
アナライザー
（アナリティカル／分析型）
行動する前に多くの情報を集め、分析、計画することを好む
コントローラー
（ドライビング／実行型）
行動的で自分が思ったとおりにものごとを進めることを好む
人の意見を聞く
意見を主張する
サポーター
（エミアブル／温和型）
人を援助することを好み、気配り上手。協力関係を大事にする
プロモーター
（エクスプレッシブ／直感型）
自分のアイデアを大切にし、人と活気あることをするのを好む
感情表現を抑える

相手の性格タイプを知り それに合った接し方をする

人は皆それぞれの性格があり、「合う人」「合わない人」がいるのは仕方のないことです。しかし、こうした**性格の不一致は、コミュニケーションタイプを知ることで緩和したり、調整したりすることができます。**

アメリカの産業心理学者デイビッド・メリルは、人は言動やものごとの考え方、意思決定の仕方などに好みがあり、その好みの傾向から大きく4つのコミュニケーションタイプに分類できるとする「ソーシャルス

「反対のタイプ」のメンバーとの接し方

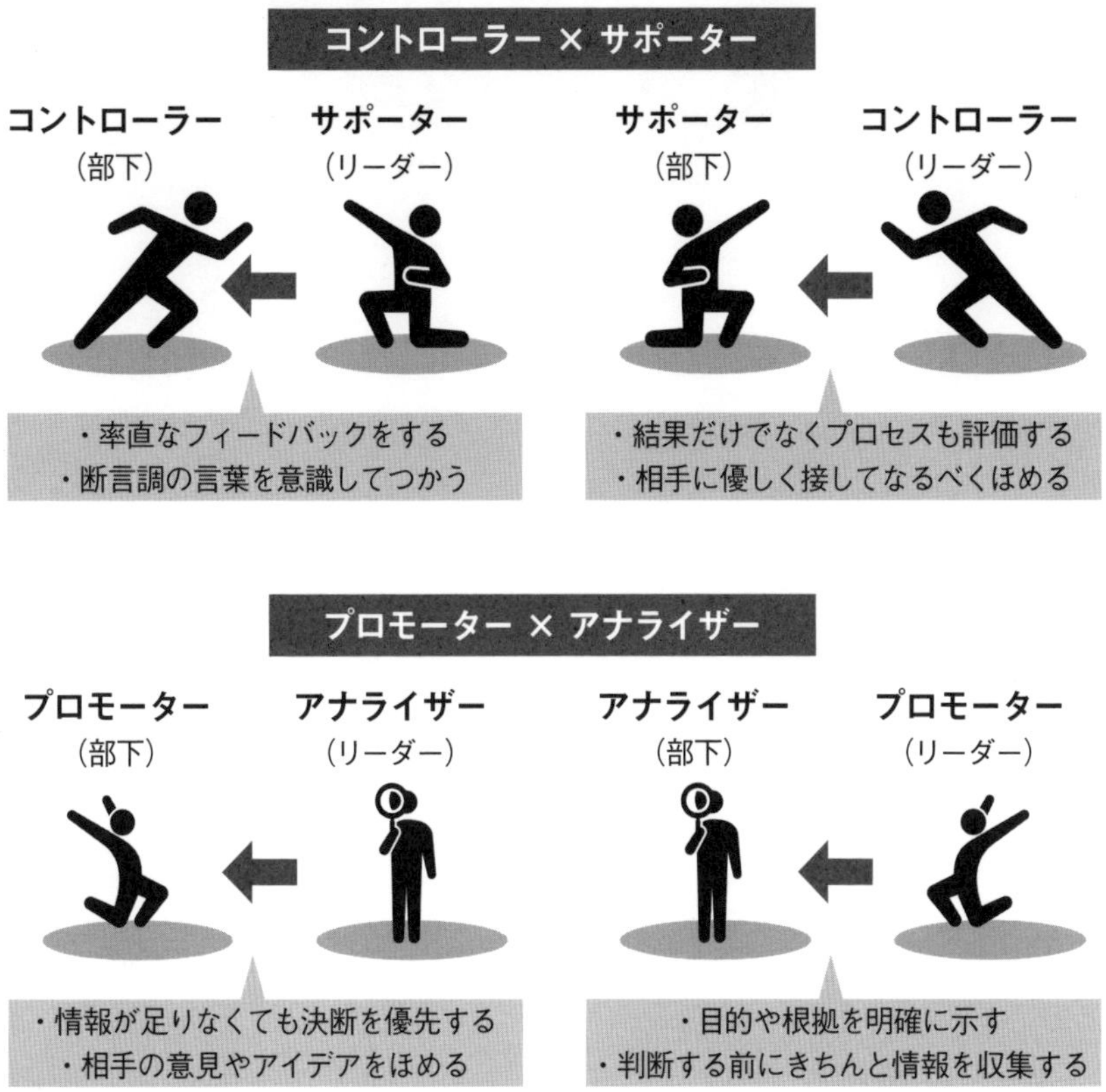
コントローラー × サポーター
コントローラー
（部下）
サポーター
（リーダー）
・率直なフィードバックをする
・断言調の言葉を意識してつかう
サポーター
（部下）
コントローラー
（リーダー）
・結果だけでなくプロセスも評価する
・相手に優しく接してなるべくほめる
プロモーター × アナライザー
プロモーター
（部下）
アナライザー
（リーダー）
・情報が足りなくても決断を優先する
・相手の意見やアイデアをほめる
アナライザー
（部下）
プロモーター
（リーダー）
・目的や根拠を明確に示す
・判断する前にきちんと情報を収集する

タイル理論」を提唱しました。

各タイプの大まかな特徴は右ページに図解したとおりで、**左右や上下で隣り合うタイプ同士は親和性が強く、対角線上のタイプは対局にあるため、性格の不一致や考え方、意見の衝突が生じやすい**とされています。

心理的安全性を高めるうえでは、メンバー同士がお互いのコミュニケーションタイプを知ることも大切です。そして、メンバー間の好みや考え方、価値観の違いをすり合わせることで、自分では当たり前だと思っていた考え方ややり方が、別のタイプの人にとっては理解できなかったり、やりにくかったりする場合があることに気づくことができます。また、お互いに相手のタイプに合った接し方をすることで、コミュニケーションの円滑化が図れます。

信頼し合える「人間関係」を築こう③

些細なことにも「感謝の気持ち」を持ち、伝えることでコミュニケーションが活発になります

「感謝する・される」ことのメリット

最近の研究で、感謝の言葉は「受ける側」よりも「伝える側」のほうが幸福度や健康に好影響があることがわかっています

感謝する側のメリット

- 相手の長所やいい行動に気づけるようになる
- 相手の気持ちや考え方が理解できるようになる
- 幸福度が高まりポジティブになる

組織・チームのメリット

- コミュニケーションが活発になる
- 生産性が上がる
- 人間関係がよくなる
- 職場の雰囲気がよくなる
- 職場への不満やストレスが減る
- 職場へのエンゲージメントが高まる

感謝される側のメリット

- モチベーションと能力が高まる
- 挑戦への意欲が高まる
- 視野が広がり共感力が高まる

感謝の気持ちを伝えることで心理的安全性がグンと高まる

心理的安全性を高めるためには、「感謝の気持ちを伝える」ことが大切です。私たちは、ついつい何ごとも「当たり前」という感覚になりがちです。しかし、日頃から些細なことに対しても感謝の気持ちを伝えることで相手を受け入れる姿勢を示すことができ、感謝された側も「自分は認められている」「役に立った」と感じて自己肯定感やモチベーションが高まります。また、感謝する側は「何に感謝しようか」と常に意識

感謝の気持ちの伝え方

「理由」や「気持ち」も伝える

「ありがとう」の言葉に「おかげで助かりました」「本当にうれしいです」など理由や気持ちを添えると、相手に伝わりやすくなる。

「ありがとう」と伝える

感謝の気持ちを伝える一番の方法は、やはり、シンプルに「ありがとう」と口に出して伝えること。笑顔を心がけるとなおいい。

手紙に書いて伝える

直接会うのが難しい相手や、面と向かって伝えるのは恥ずかしいという相手には手紙で伝える。丁寧な印象になるという利点も。

親切やサポートで返す

困ったときに助けてくれた相手はもちろん、可能であればそれ以外のメンバーにも「親切で返す」ことで、よりチームワークが高まる。

贈り物を添えて伝える

感謝の言葉や手紙に「相手のことを思って選んだ」ことが伝わる贈り物を添えることで、深い感謝の気持ちを伝えることができる。

することでメンバーを注意深く観察できるようになり、相手の気持ちや考えに気づけるようになります。

「感謝される習慣」が根づいている職場では、たとえ「叱られる」「注意を受ける」といったネガティブなできごとがあっても、言われた側は「自分のためにあえて厳しく接してくれた」「成長のために改善しよう」と**多角的かつ肯定的に**とらえられるようになります。一方で、「感謝される習慣」が根づいていない職場だと、「また嫌なことを言われた」「評価が下がるかも」と**狭い視野で否定的にとらえがち**になります。

ちなみに、組織やチームのメンバー間で感謝を伝える機会は、サンクスカードやピアボーナス®（84ページ参照）などのツールを使って制度化することもできます。

※ピアボーナスはUnipos株式会社の登録商標です

第3章

12 心理的安全性を高めるツールとスキル①

「感謝の気持ち」を伝えるツールを使えば、自然とコミュニケーションが深まります

「感謝の気持ち」を伝え合うシステムを導入する

言葉やメール、手紙といった方法以外にも、**「サンクス（感謝）カード」や「ピアボーナス®」といったツールを使って、感謝の気持ちを伝える**という方法もあります。

サンクスカードとは、社員がお互いに感謝の気持ちや称賛の思いを伝えるために贈り合うカードのことで、手描きのメッセージカードのほか、アプリや専用ツールなどを用いる電子版などさまざまな種類があります。

一方のピアボーナス®は、メン

サンクスカードの運用例（紙の場合）

サンクスカードは紙や電子などさまざまな種類がありますが、紙であれば低コストで導入することも可能です
❶導入目的を明確に伝える
導入する目的や期待できる効果を事前に組織やチーム全体で話し合い、明確にしておくことで、メンバーも自主的に参加しやすくなる。
❷使用するカードを決める
オリジナルのものをつくる場合は社内で作成、あるいはデザインや印刷を発注。コストをかけたくない場合は書店や文房具店で購入する。
Thanks
もし運用がうまくいかなかったとしても、改善しながら継続することが大切です

※ピアボーナスはUnipos株式会社の登録商標です

感謝の気持ちの伝え方

ピアボーナス®については、自前でシステムを導入するのは負担が大きいので、自社に適した製品を探して購入することをお勧めします

導入の際に注意すべきこと

なるべく負担を軽くする

参加者の負担が大きいと続かないため、メンバーの負担にならない工夫をする。また、カードの管理や集計を行う人の負担も考慮する。

リーダーが率先して渡す

リーダーや上司、あるいは経営者などが率先してカードを送ることで、サンクスカードを送ることに対してメンバーが持つ抵抗感が下がる。

渡し方を決めておく

感謝したい人に直接渡すのか、カードの投函場所をつくるのかを決めておく。いずれの場合も、管理や集計のためカードが管理者を経由するようにする。

運用ルールの例

- ひと月に最低10枚を贈る
- 贈った数ともらった数のランキングを毎月集計して発表する
- もっとも多くもらった人と贈った人を表彰する（または報酬を与える）

❸ 運用ルールを決める

カードを渡して「サンクスカードを贈り合いましょう」とメンバーに伝えるだけでは続かない場合も。運用ルールを決めると継続的に利用しやすくなる。

バー同士が贈り合うというシステムはサンクスカードと同じですが、感謝を伝えるだけでなく、相手の行動や成果などにふさわしいと思った分の報酬（ポイントや少額の現金など）を贈り合うシステムです。

　こうしたツールを使うと、面と向かって「ありがとう」と伝えることが気恥ずかしい場合や、普段はなかなか会えない相手にも気軽に感謝の気持ちが伝えられ、自然とコミュニケーションが活発になります。

　また、上司や経営者が社員を評価するのではなく、**社員同士がお互いに感謝や評価をし合うことで、売上や獲得件数以外の数字に表れない取り組みや、通常の評価制度では拾い上げにくい貢献などが認められ、社員の自己肯定感やモチベーションもアップします。**

第3章

13

心理的安全性を高めるツールとスキル②

会議やミーティングの冒頭では「アイスブレイク」を活用するのが有効です

アイスブレイクを行うメリット

参加者同士の理解が深まる

自己紹介などを通して相手を知ることで共通の話題が見つかったり、仕事以外の会話が生まれたりする

雰囲気がなごんで緊張をやわらげる

場の空気をなごませ、緊張をやわらげてリラックスすることで、参加者のパフォーマンスが高まる

積極的に発言できるようになる

アイスブレイクを通して参加者同士の親近感が醸成され、積極的に発言する人が増える

コミュニケーションを円滑にする

雑談や自己紹介、ゲームなどを行うことで、はじめて会った人とのコミュニケーションが円滑になる

アイスブレイクには「頭をリフレッシュさせる効果」も期待できます

アイスブレイクを活用して親近感を高め、緊張感をほぐす

心理的安全性を高めるには、アイスブレイク（61ページ参照）の活用も有効です。たとえば会議や研修の前にアイスブレイクを行うことで、緊張感のある場の雰囲気をなごませて発言しやすい空気にしたり、お互いを知ることで能率を高めたりといった効果が期待できます。アイスブレイクは、会議や研修だけでなく、面接や商談、セミナーといった場面でも活用できます。

アイスブレイクには、身近なこと

簡単にできるアイスブレイク6選

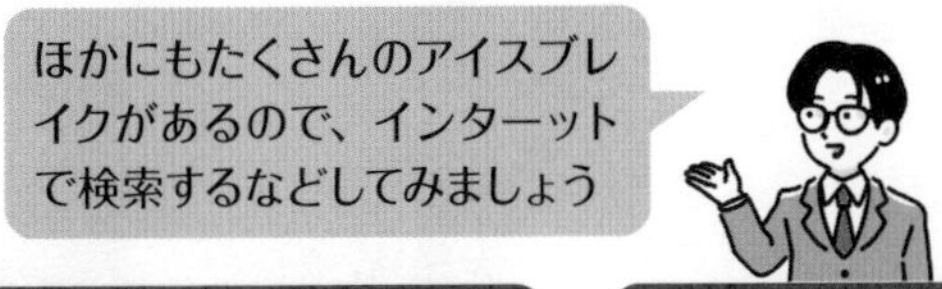
ほかにもたくさんのアイスブレイクがあるので、インターネットで検索するなどしてみましょう

共通点探し

ペアになった2人がお互いの共通点を探し出してホワイトボードなどに書き出し、もっとも多くの共通点を書いたペアが勝ちとなる

実は私、〇〇です

自己紹介の最初に「実は～」ではじまる内容を入れて、「実は私、〇〇なんです」と、自分の意外な一面を順番に話していく

Good & New

24時間以内に自分に起きた「よかったこと（うれしいこと、楽しいこと）」と「新しい発見」をなるべく短い時間で発表するゲーム

他己紹介

ペアになった相手の名前や部署、趣味、仕事の経歴といった情報を聞き出し、その相手の紹介を参加者全員の前で行う

くじ引き式自己紹介

くじにあらかじめテーマを書いておき、くじを引いた参加者は、くじに書かれていたテーマに沿って自己紹介を行う

ヒーローインタビュー

ペアになった片方が話し手（ヒーロー）、もう片方が聞き手となり、聞き手が話し手の「活躍したとき」のことをインタビューする

をテーマとした会話や簡単なゲームなどさまざまな種類ややり方がありますが、**一番簡単なのは「雑談」**です。

たとえば、会議やミーティングの冒頭で、上司やリーダーが世間話やプライベートなことを話してみることで、緊張がほぐれ場の空気がやわらぎます。ユーモアのセンスに自信がある人であれば、笑いを交えることでさらに効果は高まるでしょう。

ミーティングなどの冒頭で、まだあまりお互いのことを知らなかったり、はじめて参加する人がいたりする場合に自己紹介を行うことがありますが、そうした際には上図にあげたような**〝ちょっと変わった〟楽しい方法で自分やほかのメンバーを紹介したり、お互いを知ったりすることで、親近感がわいて緊張もほぐれ、心理的安全性も高まる**でしょう。

心理的安全性を高めるツールとスキル③

「アサーション」を理解し、実践することでチームの心理的安全性を高めましょう

3つのコミュニケーションタイプ

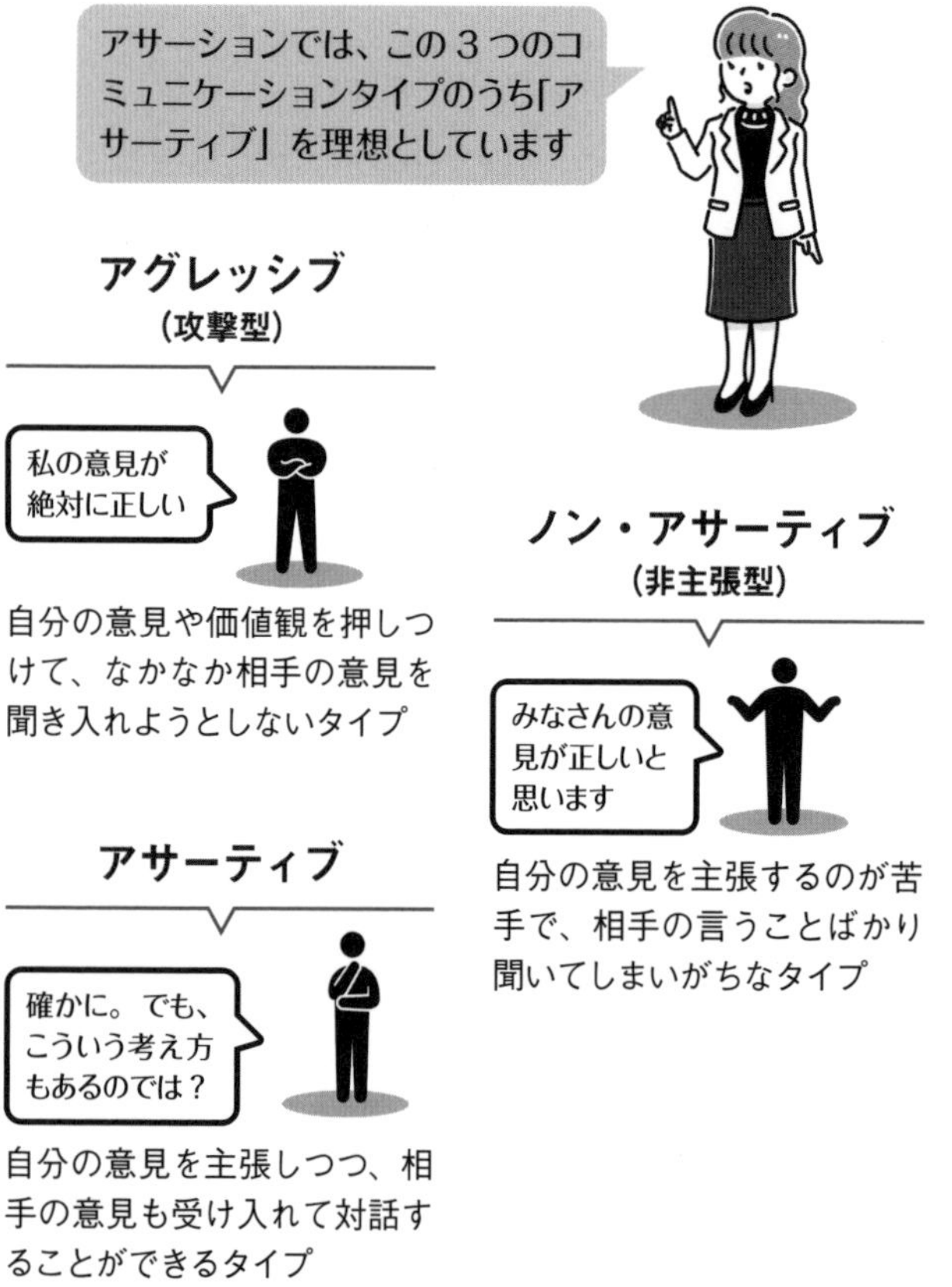
アサーションでは、この3つのコミュニケーションタイプのうち「アサーティブ」を理想としています
アグレッシブ
（攻撃型）
私の意見が絶対に正しい
自分の意見や価値観を押しつけて、なかなか相手の意見を聞き入れようとしないタイプ
ノン・アサーティブ
（非主張型）
みなさんの意見が正しいと思います
自分の意見を主張するのが苦手で、相手の言うことばかり聞いてしまいがちなタイプ
アサーティブ
確かに。でも、こういう考え方もあるのでは？
自分の意見を主張しつつ、相手の意見も受け入れて対話することができるタイプ

よりよい対話を行うためのコミュニケーションスキル

心理的安全性を高めるためには、組織やチームのメンバー全員が「アサーション（Assertion）」を理解し、実践するという手段も有効です。アサーションとは、「主張」や「断言」といった意味で、**自分の意見や気持ちを率直かつ論理的に、相手と対等な立場で伝えるためのコミュニケーションスキル**です。

アサーションの考え方は、1950年代に「行動療法」と呼ばれる心理療法の1つとしてアメリカで提

アサーションのトレーニング方法

この２つは、アサーションスキル向上のための代表的なトレーニング方法です

DESC法

アサーションスキルを以下の４つのステップに分けて実践する方法

描写（Describe）

客観的に事実を伝える

その納期ではお請けできません

説明（Explain）

自分の意見や考えを伝える

お請けしたいのですが難しい状況でして

提案（Suggest）

解決策や代替案を提案する

納期を５日延ばしていただければ可能です

選択（Choose）

相手に選択肢を示す

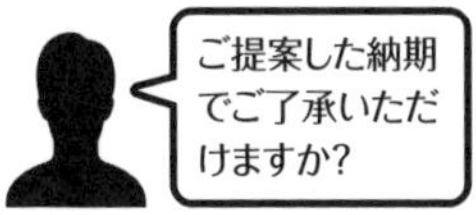
ご提案した納期でご了承いただけますか？

アイメッセージ

自分の意見や感情を伝えるときに、相手（You）ではなく、自分（I）を主語にして伝える方法。アイメッセージを使うと、表現がやわらかくなる

私はこういう考え方もあると思います
（私は）こういうやり方もあると思うよ

あなたの考え方はおかしいと思います
（あなたは）そんなやり方じゃダメだよ

唱され、その後、60～70年代の公民権運動や女性解放運動において、適切な自己主張のためのスキルとして発展してきました。そして現在、アサーションは自分の意見をうまく伝えたり、交渉したりするためのスキルとしてビジネスや医療、教育など幅広い分野で活用されています。

　ビジネスの現場では、自分の意見や主張を押しつけてばかりだったり、相手の言い分ばかりを聞いて自己主張ができなかったりすると、円滑に仕事を進めることができません。

　しかし、アサーションを身につければ、**たとえ立場や意見が異なっても、それぞれの主張をお互いが受け入れられるようになります**。心理的安全性が高い組織とは、言いにくいことを言い合い、聞きにくいことを聞き合える組織なのです。

第3章

15 テレワーク下での心理的安全性の高め方

状況に応じた対策でテレワークのデメリットを克服し、心理的安全性を高めましょう

テレワークによって生まれる制約

テレワーク下では、メンバー同士が物理的な「空間」を共有することができません
非言語情報の欠落
相手の表情や身振り手振りが見えない
地理的制約
同じ場所で働けない
時間的制約
同じ時間を共有できない
リモートワーク下では、相談や雑談の機会が減ることで「改善のきっかけ」や「アイデア」が失われるデメリットも…

テレワークのときこそ心理的安全性が求められる

2020年の新型コロナウイルス感染症の流行と緊急事態宣言をきっかけに、日本でもテレワークや在宅勤務が急速に普及しました。テレワーク下では、組織やチームのメンバー同士が物理的な「空間」を共有することができないため、「相談するタイミングがつかめない」「雑談する機会が減った」など、オフィスワーク時には気軽にできていたコミュニケーションが難しくなるケースも増えました。

テレワーカーに多い不安

以下は、テレワーカーが感じている不安の代表例。テレワーク下では、こうした不安を解消するための施策が求められます
相談や仕事の依頼がしにくいと思れてないかな？

出社組から仕事が一緒にやりにくいと思われてるかも
仕事をさぼっていると思われているかも…

出社組の業務負担が増えているかも…

相手の気持ちが察しにくい…

出社組が不公平と感じてないかな？

本当に公平な評価を受けられるのかな?


もちろん、テレワーク下でもメールやチャット、電話などを使って断続的にコミュニケーションを取ることはできますが、それらの方法では、相手の表情や身振り手振りといった「非言語情報」を読み取ることができません。そうした状況下では**相手の気持ちを察することが困難になり、心理的負担も増えます**。

テレワーク下で心理的安全性を高めるには、意図的に業務から離れたチャットを送るなどしてコミュニケーションをうながしたり、Web会議の最初に雑談をしたりといった工夫も大切です。また、テレワーク下では**オフィスワークのとき以上に、チーム内におけるメンバーの役割の明確化、情報や状況の見える化などの施策、すばやいレスポンスやフィードバックなどが求められます**。

テレワーク時に有効な対策

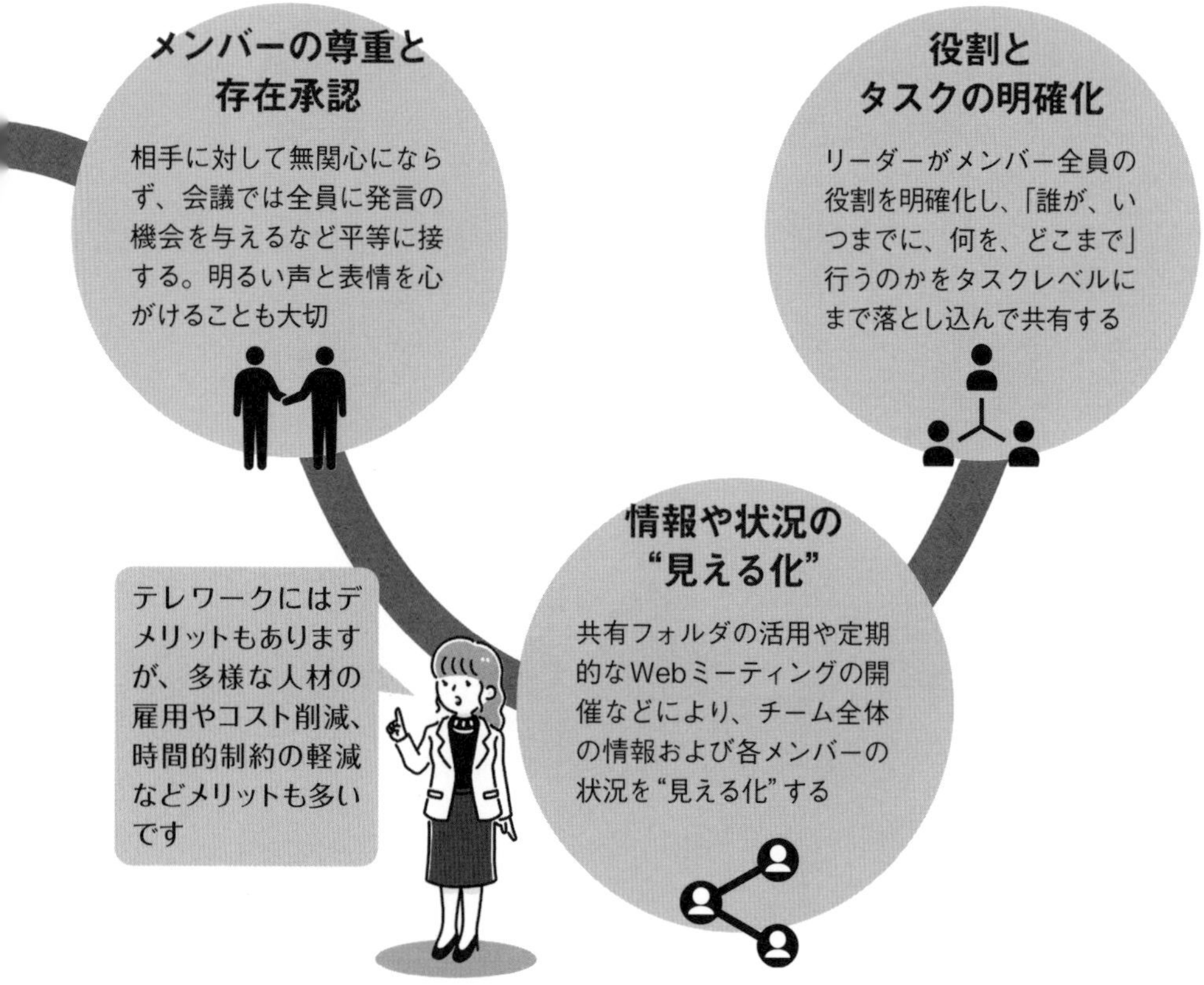
メンバーの尊重と存在承認
相手に対して無関心にならず、会議では全員に発言の機会を与えるなど平等に接する。明るい声と表情を心がけることも大切
役割とタスクの明確化
リーダーがメンバー全員の役割を明確化し、「誰が、いつまでに、何を、どこまで」行うのかをタスクレベルにまで落とし込んで共有する
情報や状況の“見える化”
共有フォルダの活用や定期的なWebミーティングの開催などにより、チーム全体の情報および各メンバーの状況を“見える化”する
テレワークにはデメリットもありますが、多様な人材の雇用やコスト削減、時間的制約の軽減などメリットも多いです

「相手が見えない」ことから発生する不安を減らす方法

リモートワーク下でも、心理的安全性を高めるために行うべき施策は、オフィスワークの場合とさほど変わりません。変わるとしたら、対面できないことで発生するデメリットの解消のため、これまで解説してきた方法のうち「何に重点を置くか」です。

まず心がけたいのは、**メンバーを尊重し、存在承認する**ことです。オフィスにいればおのずとメンバーの「存在」を感じますが、テレワーク下ではそうはいきません。相手に興味や関心を持ち、相談には真摯に対応するといったことが、「個業」化したメンバーの不安を低減します。

雑談も、チームワークや心理的安全性に影響を与えます。オフィス

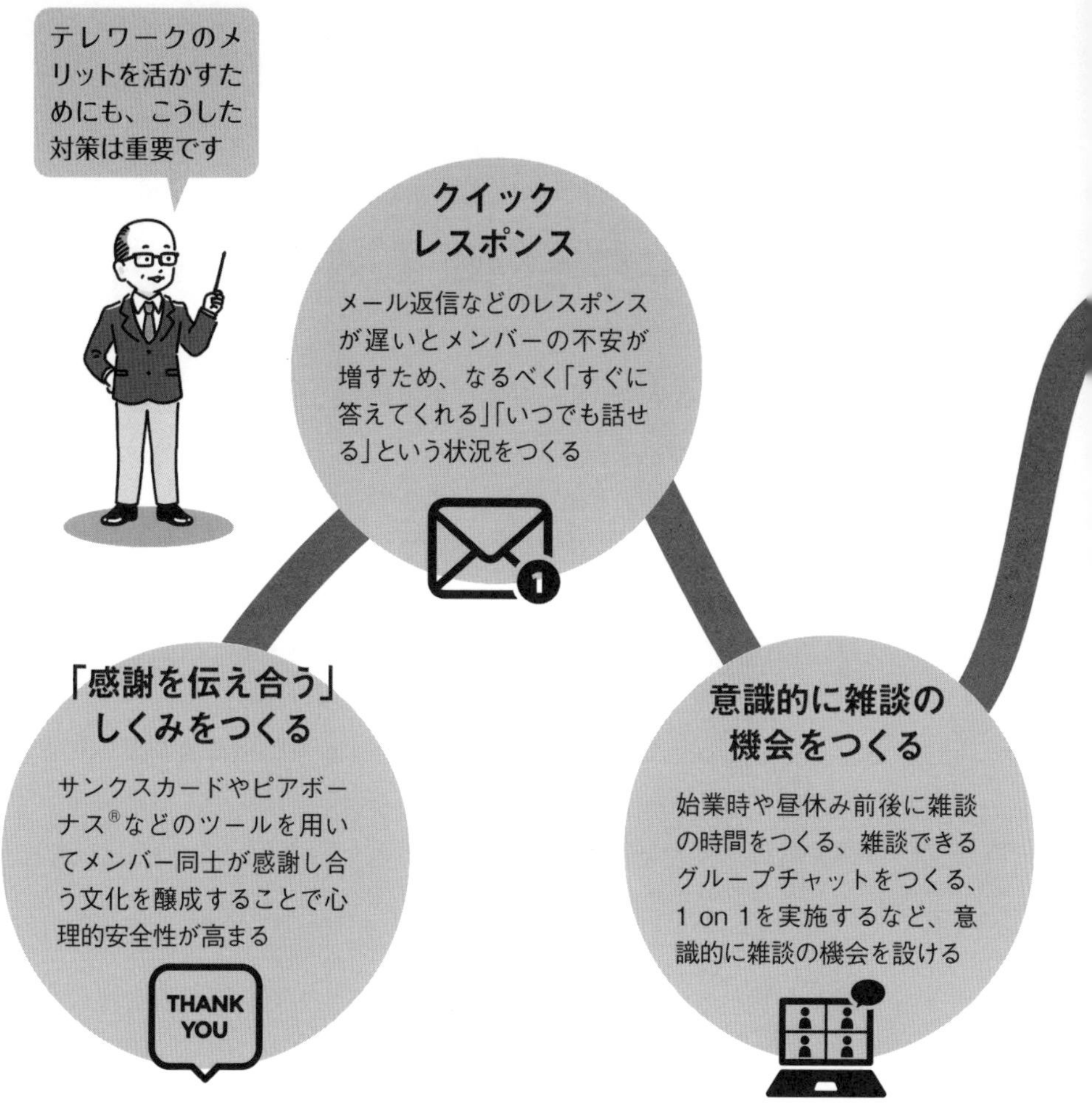
テレワークのメリットを活かすためにも、こうした対策は重要です
クイック
レスポンス
メール返信などのレスポンスが遅いとメンバーの不安が増すため、なるべく「すぐに答えてくれる」「いつでも話せる」という状況をつくる
1
「感謝を伝え合う」
しくみをつくる
サンクスカードやピアボーナス®などのツールを用いてメンバー同士が感謝し合う文化を醸成することで心理的安全性が高まる
THANK
YOU
意識的に雑談の
機会をつくる
始業時や昼休み前後に雑談の時間をつくる、雑談できるグループチャットをつくる、1 on 1を実施するなど、意識的に雑談の機会を設ける

ワークでは雑談は自然に発生するものですが、テレワーク下では意図的に雑談の機会をつくりましょう。

そして、**テレワーク下だからこそ重要なのが、すばやい返信です**。オフィスであれば返信が遅くても、相手の様子を見て「忙しそうだ」などと判断できますが、テレワーク下ではそれができません。そのため、相手からの返信が遅いと「提出物に問題があったのかも」「何か不愉快にさせてしまったかな」などと深読みをしてしまいます。こうした余計な「悩む時間」を減らすためにも、すばやいレスポンスは重要です。

また、サンクスカードやピアボーナス®といったツールを使うなどして**「感謝を伝え合う」ことも、テレワーク下での不安を減らす方法として有効**です（84ページ参照）。

※ピアボーナスはUnipos株式会社の登録商標です

私的な会話が「心理的安全性」を高める

かつては、私語を慎んで黙々と仕事に集中することを「よし」とする職場も多かったですが、これまで解説してきたとおり、近年はむしろ、職場での「雑談」を奨励する企業が増えてきています。

テレワーク下や心理的安全性の低い職場では、まずは「上司に対して部下が相談したり、話しかけたりしやすい雰囲気づくり」が大切です。たとえば、雑談をきっかけに上司が普段からプライベートな話をしたりしていると、部下は上司に対して親近感を抱くようになり、話しかけやすくなります。ある企業で行われた調査でも、**プライベート情報などの業務とは関わりない情報を共有しているチームほど、成果やメンタルヘルスが高くなる**ということがわかったそうです。

相手のことをよく知れば知るほど、相手に親近感を持ちやすくなるのは当然のことです。また、日常の業務とは離れた「趣味」や「好み」といった部分で共通点が見つかると、誰だって相手に対して親しみがわくものです。そうした私的な会話を通して親密性が高まることで、結果として協力行動が増え、チーム力やモチベーションの向上へと繋がっていくのです。

とはいえ、**雑談を“すればするほど”職場の心理的安全性や効率が向上するわけではないので、時間を決める、雑談しやすい場をつくるなどして、業務とのメリハリをつけることも大切です**。

かつては「飲みニケーション」がそうした私的な会話を行う場になっていたのでしょうが、最近は酒席を好まない若者も多いので注意が必要です。飲みに誘うのであれば、「今日、行けるか」なんて誘い方はなるべく控え、2週間前には予定を聞いておくなど相手の都合をおもんぱかるようにしましょう。

第4章

心理的安全性を高めるリーダーの行動&声かけ

心理的安全性を高めるためにリーダーは何をするべきか？
第4章では、心理的安全性を築くためのリーダーの行動と、部下やメンバーに接するときに注意すべき言葉づかいを解説します。

まずは心理的安全性が高いチームをつくるための“リーダーのあり方”から考えていきましょう

第4章

01

リーダーに求められる特性とは？

メンバーの安全基地をつくる「セキュアベース・リーダーシップ」という考え方が注目されています

セキュアベース・リーダーシップの2つの軸

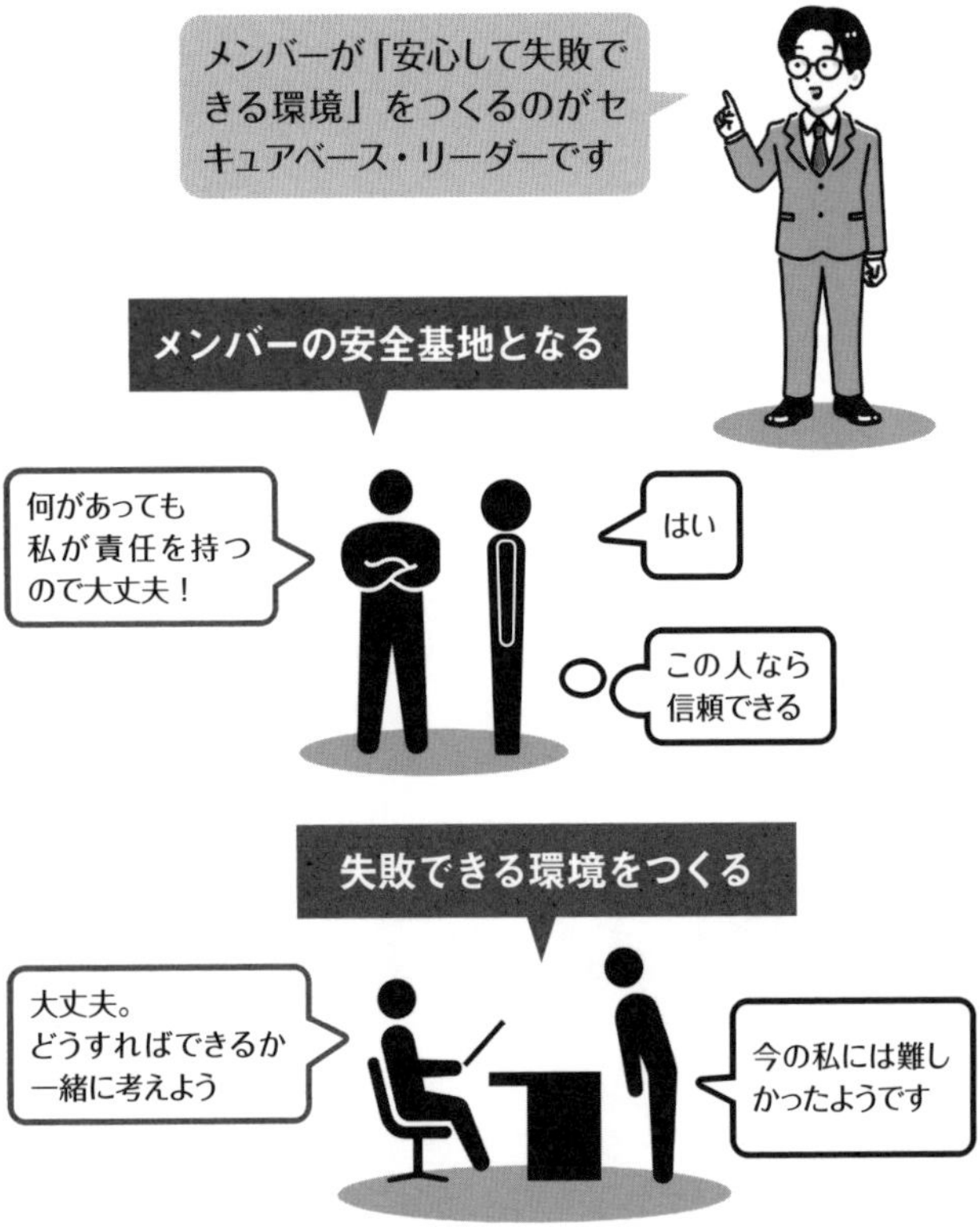
メンバーが「安心して失敗できる環境」をつくるのがセキュアベース・リーダーです
メンバーの安全基地となる
何があっても私が責任を持つので大丈夫！
はい
この人なら信頼できる
失敗できる環境をつくる
大丈夫。どうすればできるか一緒に考えよう
今の私には難しかったようです

リーダーがメンバーの安全基地となる

心理的安全性が高い組織やチームのリーダーのあり方を考える際、参考になるのが「セキュアベース・リーダーシップ」です。セキュアベース・リーダーシップとは、**リーダーがメンバーの安全基地（セキュアベース）となることで、メンバーの可能性を最大限に引き出す**というリーダーシップ論で、『セキュアベース・リーダーシップ』の著者ジョージ・コーリーザーは、「フォロワーを思いやり、守られているという感覚と安心

セキュアベース・リーダーに求められる特性

1. 冷静でいること
2. 人として受け入れること
3. 可能性を見通すこと
4. 傾聴し質問すること
5. 力強いメッセージを発信すること
6. プラス面にフォーカスすること
7. リスクを取るようにうながすこと
8. 内発的動機で動かすこと
9. いつでも話せることを示すこと

出典:『セキュアベース・リーダーシップ—〈思いやり〉と〈挑戦〉で限界を超えさせる』ジョージ・コーリーザーほか著／東方雅美訳

感を与えると同時に、ものごとに挑み、冒険し、リスクを取り、挑戦を求める意欲とエネルギーを持たせる。そうすることで、信頼を獲得し、影響力を築く方法」と定義しています。要するに、**メンバーが「安心して失敗できる場」をつくるのがリーダーの務め**という考え方です。

成長のためには挑戦が欠かせませんが、挑戦には失敗がつきものです。しかし、失敗すると叱責されたり、一度の失敗で見限られたりする環境では誰も挑戦しようとしなくなります。前掲書の著者コーリーザーは、セキュアベース・リーダーであるためには深い自己理解が必要であり、その自己理解にもとづいて自らの安全基地をつくり、メンバーの安全基地をつくることで、成長する組織が実現できると述べています。

第4章

02 リーダーに求められる10の行動

心理的安全性が高い職場をつくるために、リーダーに求められる基本の行動とは？

1 肯定的に受け止め、承認する

上司やリーダーの立場にいる人は、無意識のうちに人を「評価」しがちです。もちろん、人事評価などの際に「結果」や「成果」を評価する必要はありますが、**結果をもとに「人そのもの」をジャッジしたり、「できる・できない」「得意・苦手」などの二元論で人を判断したりするのはNG**です。これまで部下を「人としてジャッジ」していたという人は、部下の存在を肯定的に受け止め、承認することを意識するだけで、部下からの反応も変わります。

リーダーに求められる姿勢

部下やメンバーに対する固定観念を捨て、一人の人間として肯定的に向き合う姿勢が大切です

肯定的に受け止める

部下やメンバーに対して興味・関心を持ち、肯定的に受け止める。相手のコミュニケーションタイプ（80ページ）を知る、1 on 1ミーティングを行うといった対策も有効

あの企画書よかったよ！

「結果」で人を判断しない

一緒に改善案を検討しよう！

「結果」そのものは評価しても、「結果」や「起こした問題」などから「その人そのもの」を判断しない。「できる・できない」といった二元論で相手を判断するのもNG

相談しやすい「オープン」な姿勢と環境が大切
個室のドアを開けておく
個室を持っている上司の場合は、個室のドアを開けておく
質問や相談に必ず答える
たとえ忙しくても質問や相談を受けたら必ず時間を取る
すばやいレスポンス
部下からの電話やメールにはなるべく早く返答・返信する
「笑顔でいる」「挨拶をする」「約束を守る」「感謝する」といった基本的なことも忘れずに
「話せる時間」を明示する
共有スケジュールなどに「話せる時間」を明記しておく
自分から声をかける
リーダーが自分から声をかけたり会話に誘ったりする
1

2 いつでも話せる環境をつくる

心理的安全性の高い組織やチームをつくるうえでは、**メンバーがリーダーに対して「いつでも話せる」「何かあったらすぐに相談できる」という感覚を持っていることが重要**です。

リーダーが自分の業務ばかり優先していたり、メンバーからの報告や相談に対するレスポンスが遅かったりすると、メンバーは「忙しそうだから相談するのは控えよう」「自分が何かミスをしていたのかも」などと気をつかって相談しづらくなり、心理的安全性の妨げとなります。

メンバーに「いつでも話せる」と感じてもらうためには、リーダーは「いつでも相談に乗る」という姿勢を示すだけでなく、オープンな環境をつくる必要があります。

リーダーこそ「弱み」を見せる

リーダー自身が自分の弱みを見せ、自分も失敗することをメンバーに伝えることで双方に共感が生まれ、心理的安全性が築かれていきます
正解を持っていないことを認める
リーダーが頼ってくれた。できることを精一杯やろう
私も正解がわからないのであなたの意見を聞かせてください
自分も失敗することを認める
リーダーも間違うことがあるんだ。自分も失敗を恐れず挑戦しよう
私の判断が間違っていたようです

3 失敗の責任を負わせない

VUCAの時代には、チャレンジなくして組織の存続や成功は難しくなっていきます。そして、チャレンジには失敗がつきものです。部下やメンバーのチャレンジをうながすために、**リーダーは「失敗しても自分が全責任を負う」という姿勢を示し、部下が「安心して挑戦（失敗）できる」環境を整える**必要があります。

また、部下が挑戦して失敗したとしても、リスクを取ったことを労うなど、失敗を前向きに評価することも大切です。そして、**リーダーが部下やメンバーに対して「自分も失敗する」「自分も正解を持っていない」ことを素直に認める**ことで、メンバーが積極的に参加し、意見を出し合うチームがつくられていきます。

「冷静を保つ」ための手法

「感情がうまくコントロールできない」と感じている人は、以下の手法を学んで、試してみましょう
感情モニタリング
自分の感情を意識化し、客観視することによって自己探求と自己理解を深め、情緒的安定度を高める技法
アンガーマネジメント
「怒りの感情」を客観的に理解し、コントロールすることでよりよい人間関係を築くための心理トレーニング
マインドフルネス
瞑想やヨガを基本とした東洋的アプローチと西洋の心理療法を組み合わせたストレス低減法

4 常に冷静でいる

上司やリーダーは責任が重い分、プレッシャーを受けやすい立場にあります。しかし、どんなにプレッシャーを受けたときでも、常に「冷静でいる」必要があります。なぜなら、**リーダーがイライラしていたり、不安でおどおどしていたりすると、部下も安心してトラブルに対処したり、新たなことにチャレンジしたりすることができない**からです。

冷静さを保つためには、「イライラしている」「不安を感じている」といった自分の感情を客観的に見て、意識化することで情緒的安定度を高める「感情モニタリング」が有効です。また、「マインドフルネス」や「アンガーマネジメント」といった手法を取り入れてもいいでしょう。

相手の話を「聞く」ときのNG行動

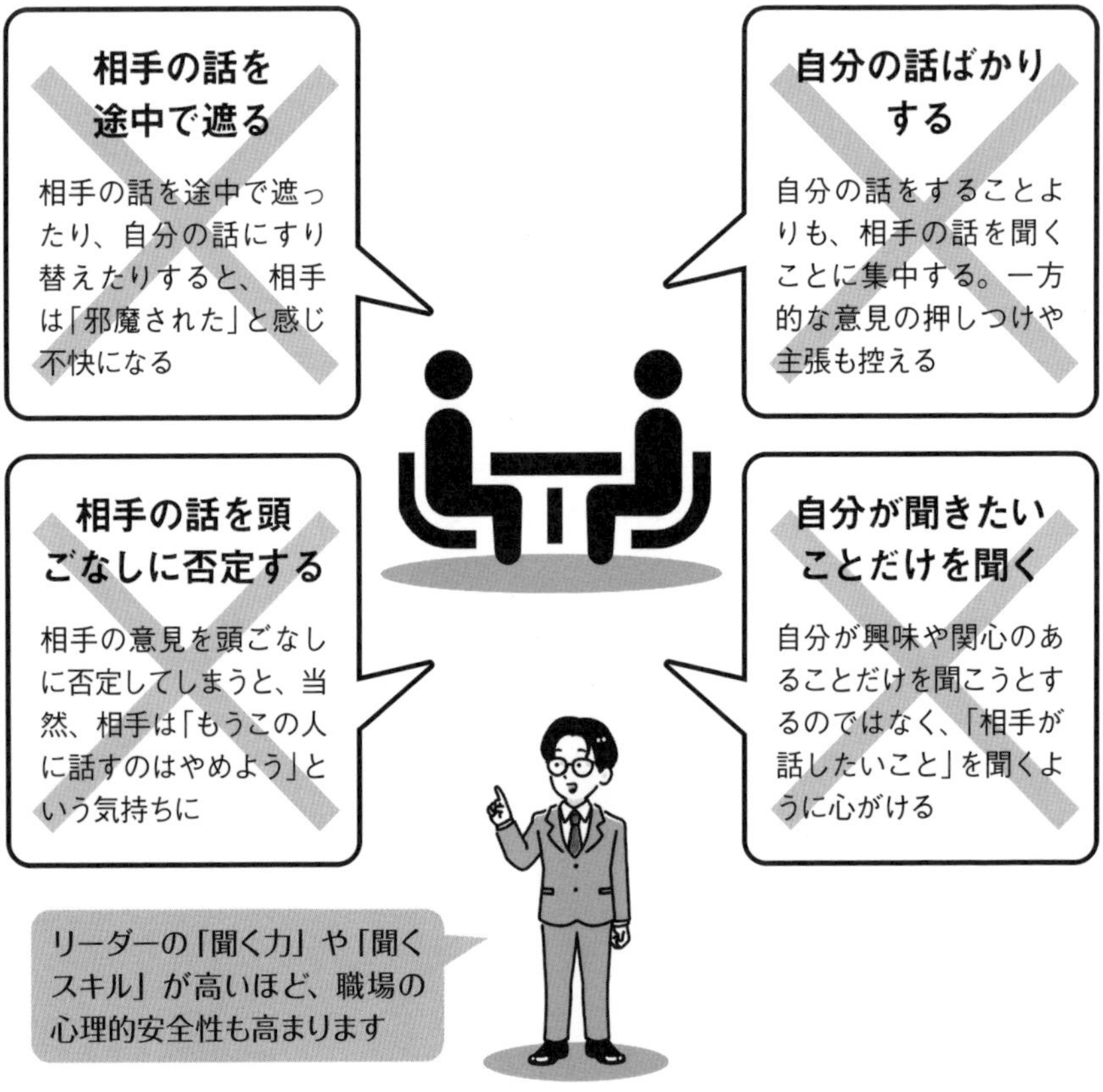
相手の話を途中で遮る
相手の話を途中で遮ったり、自分の話にすり替えたりすると、相手は「邪魔された」と感じ不快になる
自分の話ばかりする
自分の話をすることよりも、相手の話を聞くことに集中する。一方的な意見の押しつけや主張も控える
相手の話を頭ごなしに否定する
相手の意見を頭ごなしに否定してしまうと、当然、相手は「もうこの人に話すのはやめよう」という気持ちに
自分が聞きたいことだけを聞く
自分が興味や関心のあることだけを聞こうとするのではなく、「相手が話したいこと」を聞くように心がける
リーダーの「聞く力」や「聞くスキル」が高いほど、職場の心理的安全性も高まります

5 聞く力を磨く

部下やメンバーのストレスを減らし、「率直に発言する」ことができる環境をつくるには、リーダーが「聞く姿勢」を示すだけでなく、「聞くスキル」を磨くことも大切です。また、**リーダーは「相手の話を否定せずに聞く」「相手が話したいことを聞く」ことを心がける**必要があります。

自分が「本当に相手の話を聞けているのか」を知るには、相手の承諾を得たうえで、ミーティングなどでの自分と相手の会話を録音し、聞いてみることをお勧めします。自分の会話を客観的に聞くことによって、課題や問題点が見えてくる場合があるからです。Ｗｅｂ会議を録画して、自分の話し方や身振り手振りなどをチェックしてみてもいいでしょう。

「過去否定」ではなく「未来肯定」で質問する

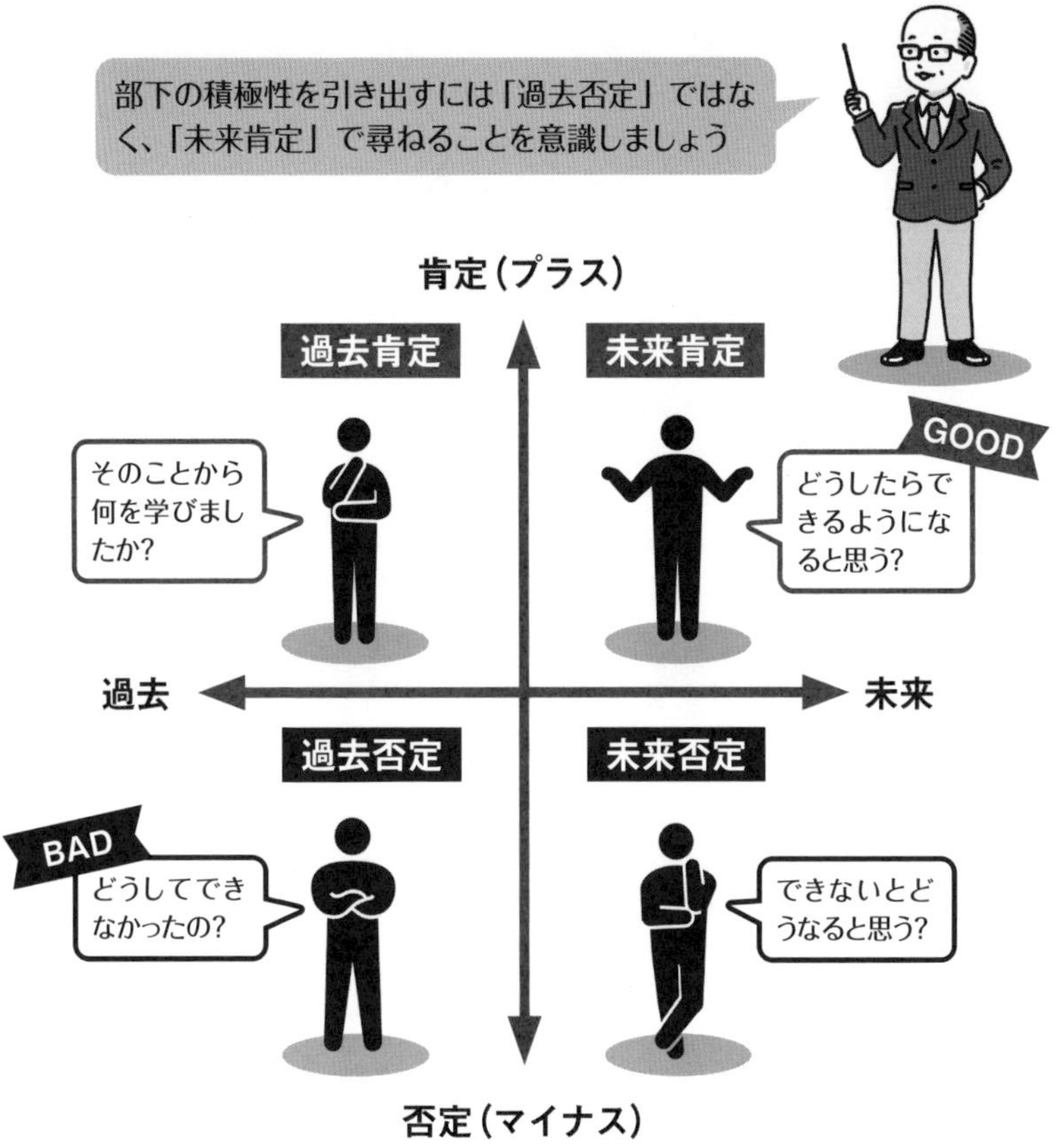
部下の積極性を引き出すには「過去否定」ではなく、「未来肯定」で尋ねることを意識しましょう
肯定（プラス）
過去肯定
未来肯定
そのことから何を学びましたか?
GOOD
どうしたらできるようになると思う?
過去
未来
過去否定
未来否定
BAD
どうしてできなかったの?
できないとどうなると思う?
否定（マイナス）

6 質問する力を磨く

上司が部下に質問するとき、「自分が聞きたいこと」ばかりを尋ねていると、部下は心を閉ざしてしまいます。とくに、上にあげた過去否定での質問は要注意です。

すでに終わったことを「どうして、できなかったのですか？」と責めたところで、何も変わりません。**部下がしたミスや失敗について話し合うのであれば、「どうすれば、できるようになると思う？」と、未来肯定で尋ねる**ように心がけましょう。

かつては「きっぱりと主張し、的確な指示を出すリーダー」が求められていたかもしれませんが、ＶＵＣＡの時代には、「的確な質問」で組織やチームの力を最大限に引き出すリーダーが求められます。

「役割を明確化」することのメリット

責任の所在が明確になる
それぞれの担当業務に集中できる
業務調整が容易になる
「ぶら下がり社員」を生まない
進捗状況が把握しやすくなる
二重対応や業務漏れが防げる
役割を明確化することで「どの部分（誰）をサポートすべきか」も把握しやすくなります

7 役割を明確にする

「役割を明確にする」とは、リーダーがその役割に見合った仕事を各メンバーに与えるということです。

このとき、リーダーが意識すべきなのは、**メンバーが〝がんばればできる〟レベルの役割（仕事）を割り当てる**ことです。とくに新人や若手社員の場合は、少し難しい仕事に取り組んでもらい、それが「達成できた」という成功体験を積み重ねていくことで自己肯定感が育まれ、失敗への耐久性も養われていきます。

チームの全員がお互いの役割を把握することも大切です。メンバーがお互いの役割や責任、目標、得意分野などを共有することで助け合える風土が生まれ、情報の透明性が担保されることで公平性も生まれます。

部下に仕事を「任せる」手順

1 部下に適した仕事をつくり、業務を割り当てる
この仕事、挑戦しませんか?
2 確認やフォローをしながら最後までやり切らせる
わからないことや困っていることはない?
3 達成や成長に向けたフィードバックをする
クライアントの要望を的確に反映していてすばらしかったです
部下に「任せる」とは、部下を「育成」すること。「任せきる」のではなく、部下の能力や成熟度に応じたフォローやフィードバックを行いましょう

8 部下に任せる勇気を持つ

近年、上司やリーダーが部下に対して過剰に指示したり、干渉したりすることを意味する「マイクロマネジメント」という言葉をよく聞くようになりました。マイクロマネジメントは、仕事に不慣れな部下に対しては効果的な場合もありますが、ほとんどの場合は、部下のやる気や主体性を奪い、成長を阻害するばかりでなく、精神的ストレスを与えるなどの悪影響をもたらします。

確かに「指示」や「管理」も上司の重要任務の1つですが、上司にとって、それ以上に重要なのは、**一人ひとりの部下を信頼し、チームの成長をうながす**ことです。そのためにも、過剰な干渉を控えて「任せる」勇気を持つことが大切です。

「ルール」とはガードレールのようなもの

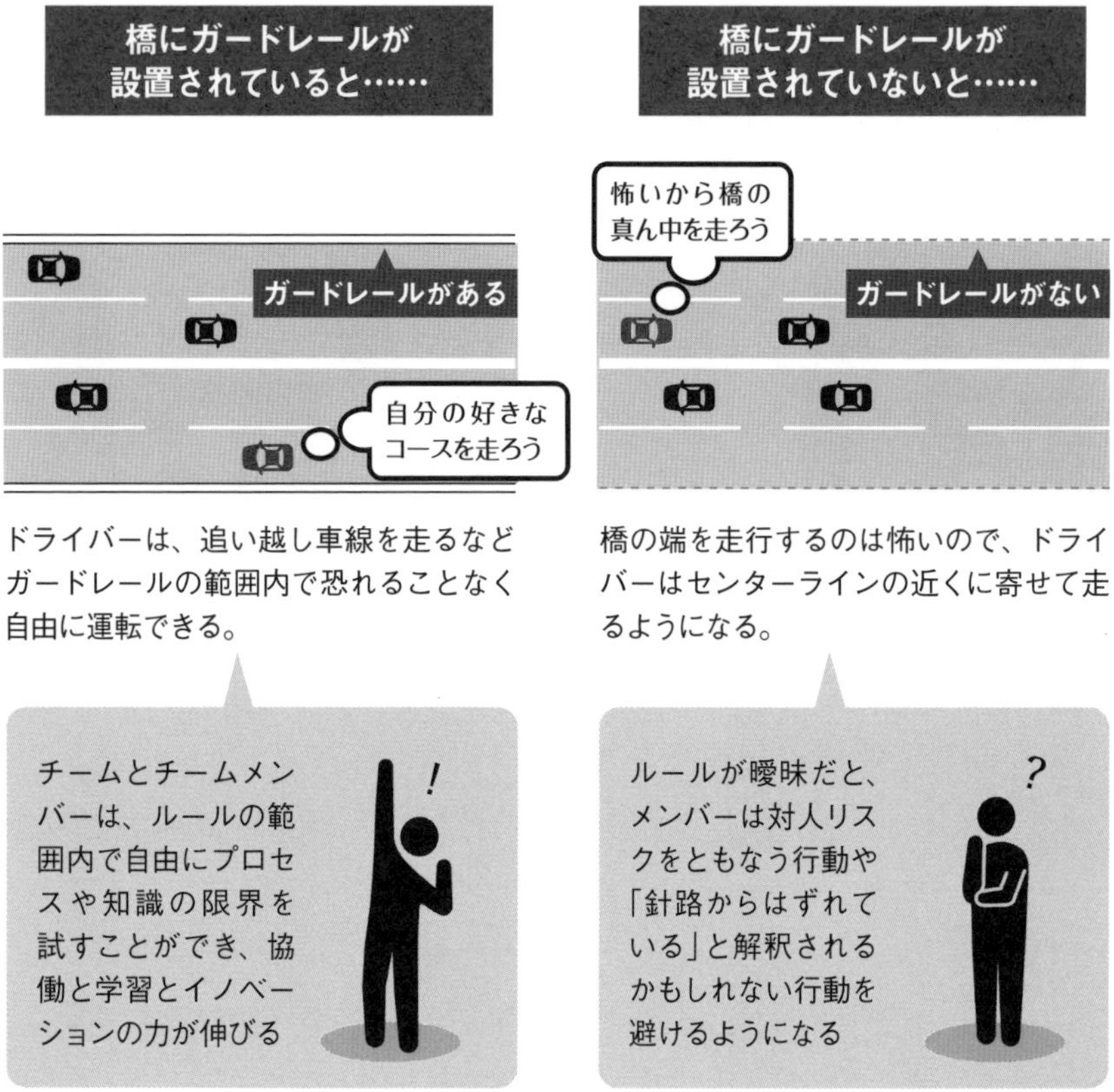
橋にガードレールが
設置されていると……
ガードレールがある
自分の好きな
コースを走ろう
ドライバーは、追い越し車線を走るなどガードレールの範囲内で恐れることなく自由に運転できる。
チームとチームメンバーは、ルールの範囲内で自由にプロセスや知識の限界を試すことができ、協働と学習とイノベーションの力が伸びる
!
橋にガードレールが
設置されていないと……
怖いから橋の
真ん中を走ろう
ガードレールがない
橋の端を走行するのは怖いので、ドライバーはセンターラインの近くに寄せて走るようになる。
ルールが曖昧だと、メンバーは対人リスクをともなう行動や「針路からはずれている」と解釈されるかもしれない行動を避けるようになる
?

9 明確なルールや基準を示す

66ページでも解説したとおり、チームのルールや基準を明確に示すことは極めて重要です。ルールを明確にすることによって、メンバーが不要な憶測をしたり悩んだりする時間が減り、心理的安全性を高めることに繋《つな》がるからです。

そのためにリーダーは、**ルールや基準をできる限り明文化し、言語化して伝えることが大切**です。かつての日本の企業文化では、「暗黙のルール」に従いつつ「空気を読む」ことが美徳とされる雰囲気もありましたが、旧来の企業風土のままでは、VUCAの時代を生き残ることは困難です。また、ルールや基準から逸脱した行動に対して、リーダーは厳正かつ公平に対処する必要があります。

軌道修正をうながす「フィードバック」のポイント

「評価」ではなく「相手のため」

フィードバックは相手を「評価する」ためのものでなく、「成長をうながす」ためのものとして行う

リアルタイムに行う

時間が経ったあとにフィードバックしても効果が薄れるため、結果や成果に対してすぐに行う

事実や結果に対して行う

相手の性格や人間性に対してではなく、行動の結果として起こった事実に対して行う

フィードバックを効果的に行うためには、普段から相手を尊重し、お互いの信頼関係を築いておくことが重要です

実現可能なものにする

相手の経験やスキルなどを考慮しながら、能力に合わせた現実的なフィードバックを行う

具体的に伝える

相手が改善策をイメージできるよう、なるべく具体的に改善点やよかった点を伝える

10 フィードバックする

相手の行動に対して評価や改善点を伝え、軌道修正をうながすことを「フィードバック」と言います。フィードバックの際には、相手の性格や人間性を責めるのではなく、**その人の行動の結果として起こった事実を踏まえ、次の行動に活かせるよう具体的に伝える**ことが大切です。

フィードバックには2つの方向性があり、相手の「よい点」を指摘し、肯定的な言葉で成長をうながすことをポジティブ・フィードバック、相手の「課題」を指摘することで改善や成長をうながすことをネガティブ・フィードバックと言います。

いずれも相手を評価するのではなく、相手の成長を願い、相手のためになることを伝えることが前提です。

第4章

03

「声かけ」で心理的安全性を高めるコツ

リーダーがどのような「声かけ」をするかによって職場の心理的安全性が変化します

こうしたらどうかな?
いただいたアドバイスのおかげでクリアできそうです!

相手のことを尊重し、成長を願って伝えよう

組織やチームの心理的安全性を高めるうえで、上司やリーダーによる「声かけ」は非常に重要です。

現代のような多様性の時代に、世代も価値観も異なる部下やメンバーに対して「どんな言葉をかければいいか」と思い悩んでいる人も多いでしょう。

しかし、「適切な声かけ」を行うことは、実のところ意外と簡単です。なぜなら、基本的には「相手を尊重」し、「相手のことを思って」声をかければいいだけだからです。

もちろん、心理的安全性が高い組織やチームを目指す以上は、目の前の一人の相手のことだけでなく、全体の成長を目指すことが大前提なのですが、それらも基本は「1対1」の関係の積み重ねです。

まずは目の前の相手のことを思いやり、相手の成長を願って伝えることを意識しましょう。

ケース 01 最適な仕事の進め方を伝えたいとき

BAD **こうするべきだよね**

GOOD **こうしたらどうかな？**

「〜するべき」といった断定は、人を追い込みます。また、新人や部下のミスは、指導する側の教え方や伝え方のミスという側面もあります。そうした事情を省みず、**経験が不足している相手に対して「〜するべき」と断定することは、心理的安全性を高めるうえで必要な「対話」の可能性を遮断してしまいます。**

もし、相手のミスを指摘したり、何かしら注意したりする必要がある場合は、「〜するべき」ではなく、「配送チームからクレームが来ている」などと改善すべき理由を説明したあとで、「これからは伝票を作成したあと、ミスがないかもう一度見直してみたらどうかな」などと相手に提案する形で、具体的な対策も添えて伝えるといいでしょう。

point

「断定」で対話を遮断せず、理由と対策も添えて伝えよう

ケース 02 部下の提案にもの足りなさを感じたとき

BAD **ちゃんと考えた？**

▼

GOOD **こういうふうに考えたらどうかな？**

多くの仕事を経験してきた上司や先輩から見たら、部下や後輩の仕事の進め方や成果物が「もの足りない」と感じることもあるでしょう。だからといって、頭ごなしに「ちゃんと考えた？」「本当にそれでいいと思う？」「なんでそうなるの？」などと方向性も示さずに否定されたら、部下は自信を失い、かえって仕事に集中できなくなってしまいます。

そんなときは、「こういうふうに考えたらどうかな？」「こういう見方もあると思うけど」などと**相手に寄り添い、方向性やヒントを与えつつ、自分で仕事を完遂できるまで見守る**ようにしましょう。そうすれば部下も、自分で考えながら、よりよい提案をしてチームに貢献しようという意欲を持つでしょう。

point

頭ごなしの「否定」は、部下の〝やる気〟を奪ってしまう

ケース03 部下が出来のいい企画書を提出したとき

BAD **まあ、いいんじゃない**

GOOD **これ、すごくいいね!**

もし、あなたが渾身の企画書や提案書を作成して上司に提出したときに、「まあ、いいんじゃない」と言われたら、どう感じるでしょうか？　おそらく、「及第点程度ってこと？」と感じ、「改善点があるなら教えてほしい」と思うはずです。

部下にフィードバックするときは、**投げやりな印象を与える言葉で適当にほめるのではなく、率直に「これ、すごくいいね！」と伝えましょう。**

さらに「着眼点がいいね」とよい点を具体的にほめたり、「この部分にデータを入れると説得力が増すと思うよ」などとブラッシュアップするためのアドバイスを添えたりできれば、部下のモチベーションはアップし、あなたへの信頼度も増すでしょう。

point

部下をほめるときは、率直かつ具体的に伝えよう！

ケース 04 部下に任せた仕事が不出来だったとき

BAD **こんなこともできないの?**

▼

GOOD **どうしたらできるかな?**

経験を積んだ人から見ると、自分には当たり前にできることができない新人や若手がふがいなく見えることもあるでしょう。しかし、できるようになると簡単に感じることも、新人にとっては難しいという場合はよくあります。また、人には得意・不得意があるので、自分にとって簡単なことでも、ほかの人にとっては難しいということもあります。

上司など立場の上の人が**「こんなこともできないの?」と見下すような言い方をすると、相手は萎縮してしまい、かえってやる気もパフォーマンスも落ちてしまいます**。経験が少ない若手に対しては、自分が新人だったころを思い出して「どうしたらできるかな?」と相手に寄り添った尋ね方をしましょう。

point

見下したような言い方は、相手を萎縮させるだけ

ケース 05 新人がチーム内で検討済みの提案をしたとき

BAD

その意見、何度も検討してるんだよね

▼

GOOD

いい意見だね。ほかにもアイデアある？

新人や若手が会議などで提案をしたときに、「その意見、今までに何度も検討してるんだよね」といった答え方をしてしまうと、相手は「経験の浅い自分の意見なんて役に立たないのか」と感じ、以後、意見を言うのを控えてしまうかもしれません。

仮に「何度も検討している」ことが事実だとしても、その事実をそのまま伝えることによって相手を萎縮させてしまっては、心理的安全性の高い環境などつくれません。これまで何度も解説してきたとおり、心理的安全性を高めるうえで大切なのは、「率直な発言や提案」がしやすい雰囲気をつくることです。そのためには、**相手の発言を歓迎し、さらに発言をうながす伝え方**を心がけましょう。

point

新人や若手の発言を歓迎し、さらなる発言をうながそう！

ケース 06 部下の仕事の進め方が想定と違ったとき

BAD **ふつうは、こうだよね**

▼

GOOD **私はこうしたほうがよいと思うけど**

「ふつうは、こうだよね」といった伝え方は、言ったほうにとっては何気ない言葉なのかもしれませんが、言われた側は自分の不勉強さや非常識さを責められたような気持ちになります。こうした言い方で**相手の自信や積極性を奪ってしまっては、成長や改善が望めないどころか、心理的安全性の構築を妨げる「対人不安」を高めてしまいます。**

もし、新人や若手が知らなかったり、できなかったりすることがあっても、「ふつう〜」「常識的に考えて〜」などと頭ごなしに否定するのはやめましょう。その代わりに「私はこうしたほうがよいと思う」とアドバイスすることで、お互いによりよい関係が築けるうえ、相手を成長へと導くことができます。

point

否定で自信を奪うより、アドバイスで関係性を築こう！

ケース 07 知っておくべきことを、相手が知らなかったとき

BAD **そんなことも知らないの!?**

GOOD **わからないことがあったら聞いてね**

心理的安全性を築くための基本は、相手を尊重することです。上司やリーダーなど立場が上の人から「そんなことも知らないの!?」とバカにしたような言い方をされたら、部下は当然、「自分は尊重されていない」と感じます。また、経験の浅い新人や若手に「知らないこと」があるのは当然のことであり、責めても意味がありません。仕事を進めるうえで知っておかなければいけないことがある場合は、「わからないことがあったら聞いてね」と相手を尊重していることが伝わる声かけを心がけましょう。

　相手がわかっているのかが気になる場合は、「あの業務の進め方、わかりますか？」などと、相手を不安にさせない尋ね方をするのがポイントです。

point

バカにしたような言い方をせず、相手を不安にさせない尋ね方を

ケース 08 部下の相談内容がわかりづらいとき

BAD **要するに何が言いたいの？**

▼

GOOD **要点を教えてください**

新人や若手などから仕事の相談や報告を受けているときに、内容がまとまっておらず、言っていることがよくわからないという場合もあると思います。しかし、それに対して「要するに何が言いたいの？」などと冷たい言い方をしてしまうと、**相手は「拒絶された」「話を聞いてもらえなかった」などと思って、次から相談や報告することに不安を感じる**ようになってしまいます。

相手の言っていることがわかりづらい場合は、「要点を教えてください」「一番困っている点は何ですか？」などと、冷たい印象にならない言葉で聞き返しましょう。言葉づかいだけでなく、「イライラした態度を見せない」ことも大切です。

point

冷たい印象の言葉と
イライラした態度はダメ！

ケース09 部下に“やる気”を出してもらいたいとき

BAD みんなもがんばっているんだから

▼

GOOD あなたはがんばっているよね！

上司やリーダーの立場であれば、特定の部下だけでなく、チームの全員にがんばってもらいたいと思うはず。しかし、1on1ミーティングなど特定の一人と対話をしているときに「みんなもがんばっているんだから」という伝え方をすると、相手は「自分はがんばっていないということ？」と、不快に感じます。もし、特定の1人を励ますのであれば、「配属されてまだ2カ月なのに、20もアイデアを提案するなんてすごいね！」などと、できれば**その理由と合わせて、個人を励ます**ようにしましょう。

そうすれば、相手も「見ていてくれた」「評価してくれた」などと感じ、「リーダーのためにもがんばろう！」という気持ちになるでしょう。

point

具体的な理由と合わせて、目の前の個人を励まそう！

ケース
10

部下がイージーミスを繰り返したとき

BAD **またミスしたの？**

GOOD **私もミスが多いので、防ぐ方法を一緒に考えよう**

人には誰しも得意・不得意があります。そして、上司やリーダーの一番の仕事は、各メンバーの得意・不得意を見分けて、それぞれを適材適所に配置することにあります。

ミスを繰り返す部下がいる場合、リーダーがその部下の「得意」な部分を活かせていない可能性もあります。そのため、一方的に部下のミスを責める前に、**その部下がミスを繰り返してしまう理由を見つけ出し、どうすればチームの力を最大化できるのかを考える**必要があります。

また、上司の側が「自分もミスをする」と弱みを見せることで、相手との間に共感が生まれ、心理的安全性を高めるきっかけとなります。

point

一方的に責めるのではなく、自分の弱みを見せて共感を得よう

ケース 11　部下のパフォーマンスに不満を感じたとき

BAD **厳しいことを言うようですが…**

GOOD **私はこう思うのですが**

「厳しいことを言うようですが…」という言いまわしは、表面的には相手のことを思っているようにも聞こえますが、実際のところは「あなたは自分が思っているほどできていません」「あなたは何もわかっていません」と言っているのも同然であり、相手にもそのニュアンスは伝わります。

つまり、この言葉を発する人は、**親切なふりをして相手を攻撃している**ようなものです。

もし、本当に相手のためを思って指摘をするのであれば、89ページで紹介したアイメッセージを使って、「私は○○と思うのですが」「こういう考え方もあるのでは？」などと声かけすることで、相手に対する「尊重の気持ち」も伝わるでしょう。

point
相手への尊重が伝わる「アイメッセージ」をつかおう

ケース 12

部下のモチベーションが低いと感じたとき

BAD **本当にやる気あるの!?**

▼

GOOD **調子が悪いみたいだけど相談に乗ろうか?**

心理的安全性の高い環境をつくるうえで、怒りやイライラは禁物です。もし、パフォーマンスが落ちていると感じる部下がいて、気合いを入れたいと思ったとしても、「本当にやる気あるの!?」などと**感情的な言い方をするのは逆効果**です。

そうした場合は、「最近、調子が悪いみたいだけど」と、まずは相手を心配していることを伝え、そのうえで「相談に乗ろうか?」などと相手の話を聞く姿勢を示しましょう。誰しも、調子が悪いときほど悪循環に陥ってしまい、「何もかもうまくいかない」などと感じることがあるものです。そんなときこそ**冷静に、相手に寄り添って傾聴する**ことで、相手もあなたに心を開いてくれるでしょう。

point

感情的にならずに、話を「聞く」姿勢を示そう

ケース13 部下の自主的な行動がトラブルを招いたとき

BAD **余計なことはしなくていいから…**

▼

GOOD **課題に気づいて**
行動してくれてありがとう！

部下の自主的な行動がトラブルを招いた場合でも、上司やリーダーが、その行動を頭ごなしに否定するのは得策ではありません。「余計なことはしなくていいから…」と、**真っ向から否定されてしまうと、部下は「指示された以外のことはしないほうがいい」と感じて、二度と自主的な行動をとらなくなってしまう**可能性もあります。

部下が「よかれ」と思って行動したのであれば、まずは「ありがとう！」と、自らの考えで行動したことに対して感謝を伝えましょう。そのうえで、今後同様のケースがあった場合にはどのような対処をすべきかを本人と話し合い、チームで共有することによって、「学習するチーム」がつくられていきます。

point

部下の自主性を肯定したうえで、対処法をチームで共有しよう

ケース14 部下が「簡単な仕事」を解決できずに悩んでいるとき

BAD **そんなことで悩んでいるの!?**

GOOD **どういうことで悩んでいるの？**

経験を積んだ人にとってはすぐに解決できる簡単な案件だったとしても、はじめての人にとっては難しい仕事ということはよくあります。

もし、明快な解決策があればアドバイスをすればいいのであって、「そんなことで悩んでいるの!?」などと相手をバカにしたような言い方をする必要はありません。また、言った側は「たいした問題じゃない」と伝えて安心させようとしているのかもしれませんが、こうした見下したような言い方だと、言われた側は「実力不足を責められている」と感じ、心を閉ざしてしまいます。相手を責めるような言い方ではなく、「どういうことで悩んでいるの？」と、相手に寄り添う声かけを意識しましょう。

point

責めるような言い方は避け、相手に寄り添った声かけを

ケース
15 仕事の進め方が遅い部下に対して

BAD **悩んでばかりでは何も進まないよ**

GOOD **その悩み、私も経験しました**

「悩んでいる暇があったら手を動かす」というのも、確かに仕事の進め方のスタンスの1つです。しかし、悩みの種類や仕事の進め方は人それぞれであり、実際に悩んでいる人に対して「悩んでばかりでは何も進まないよ」と伝えても、相手は「仕事をしていない」「仕事ができないヤツ」などと批難されているように感じてしまいます。もし、自分にも経験のあることで悩んでいる場合は「その悩み、私も経験しました」と伝え、解決する方法を一緒に考えましょう。

100ページでも解説したとおり、**リーダー自身が自分の弱みを見せ、自分も失敗することをメンバーに伝える**ことで双方に共感が生まれ、心理的安全性が築かれていきます。

point

リーダーが弱みを見せることで互いに共感が生まれる

ケース16　部下からのトラブルの報告が遅れたとき

BAD　**なんで報告してくれないの？**

▼

GOOD　**何かあったらすぐに連絡してくださいね**

「なぜ」「なんで」といった詰問《きつもん》調の言葉は、相手を追い詰め、対人不安を高めます。そのため、部下の行動に納得いかなかったり、理解できなかったりしたときは、「なんで報告してくれないの？」と相手を問い詰めるのではなく、「何かあったらすぐに連絡してください」「今度、同じようなことがあったら報告してください」などと、**相手に「どう行動すべきか」を具体的に示しましょう。**

また、相手が「報告することへの不安」を感じているようであれば、「ミスは誰にでもあることだからすぐに報告してね」「迷ったらすぐに質問してくださいね」などと伝えることで、相手が抱える「対人リスク」（22ページ参照）が低減できます。

point

詰問調の言葉で相手を追い詰めず、どう行動すべきかを示そう

ケース17 部下から想定外の提案があったとき

BAD **前例がないし、難しいのでは？**

GOOD **実現するための手段を一緒に考えましょう**

「前例がないし、難しいのでは？」といった、相手の提案や要望を不確実な根拠で否定する言葉では、信頼関係を損ないます。

相手からの提案や要望が独りよがりなものや一方的なわがままなどではなく、組織やチームのことを考えたものであれば、たとえ実現性が低いと感じたとしても、「実現するための手段を一緒に考えましょう」と受け入れ、相手の考えに寄り添うべきです。

よく検討もせず最初から否定されることが続くと、やがて相手は**「どうせ提案してもムダ」と感じて、自発的な提案を控えるようになってしまいます。**

頭ごなしの否定は心理的安全性を妨げ、チームの学習や成長を阻害します。

point

頭ごなしに否定せずに、まずは相手の考えに寄り添おう

ケース18　部下の仕事が残念な結果になったとき

BAD　**こうなると思ったよ…**

▼

GOOD　**がんばっていたけど残念だったね**

残念な結果に対して、「こうなると思ったよ…」「やっぱりね」などと、無意識のうちに見下したような言い方をする人がいます。こうした失礼な発言をする人は、立場が上になるほど増えます。

相手に対して「自分はこうなるとわかっていた」「自分は見通していた」とアピールしたいのかもしれませんが、言われた側は「最初からダメだと思われていた」と感じ、自分自身が否定されたようにすら受け止めて、やる気を失ってしまいます。

もし、部下やチームのメンバーが残念な結果に対して落ち込んでいたら、「がんばっていたけど残念だったね」と、**相手の努力を評価し労ったうえで、自分の考えを伝える**ようにしましょう。

point

相手の努力を労ったうえで、自分の考えを伝えよう

ケース19 任せた仕事を部下がやっていなかったとき

BAD
なんでやってないの!?

▼

GOOD
どうすれば作業しやすくなるかな？

point

相手に理由を聞いたうえで、仕事の割り振りを省みよう

１２４ページでも解説したとおり、「なぜ」「なんで」といった言い方は避けるべきです。仕事を任されて、意識的に「やらない」人などいないでしょう。「できなかった」ことには理由や事情があるはずで、それらを考慮せずに**「なんでやってないの!?」と詰問したところで、相手を追い詰めるだけ**です。

上司の役割は「仕事を割り振る」ことであり、「やっていない」という結果は、その部下の能力や作業スピードを自分が見誤っていたということでもあります。そうした点を省みつつ、「できなかった事情を説明してくれませんか？」と、まずは相手に理由を聞き、「どうすれば作業しやすくなるかな？」と、未来肯定（１０３ページ参照）で尋ねましょう。

山口裕幸（やまぐち・ひろゆき）

1958年生まれ。九州大学大学院人間環境学研究院教授。博士（教育心理学）。専門分野は社会心理学、集団力学、組織行動学。九州大学教育学部卒業後にアサヒビール株式会社に入社。同社退職後、九州大学大学院教育学研究科修士課程・博士課程、日本学術振興会特別研究員、岡山大学助教授、九州大学准教授を経て、現職。主な著書・共著に『よくわかる産業・組織心理学』（ミネルヴァ書房）、『チームワークの心理学 よりよい集団づくりをめざして』（サイエンス社）、『高業績チームはここが違う』（労務行政）、『経営とワークライフに生かそう！ 産業・組織心理学 改訂版』（有斐閣）、『組織と職場の社会心理学』（ちとせプレス）などがある。

STAFF

編集協力	小芝俊亮（小道舎）
イラスト	フクイサチヨ
本文デザイン	森田千秋（Q.design）
図版制作・DTP	G.B.Design House
校正	西進社

主要参考文献

『リーダーのための心理的安全性ガイドブック』青木末佳著／山口裕幸監修（労務行政）
『恐れのない組織 「心理的安全性」が学習・イノベーション・成長をもたらす』エイミー・C・エドモンドソン著／野津智子訳（英治出版）
『チームが機能するとはどういうことか 「学習力」と「実行力」を高める実践アプローチ』エイミー・C・エドモンドソン著／野津智子訳（英治出版）
『心理的安全性のつくりかた 「心理的安全性」が困難を乗り越えるチームに変える』石井遼介著（日本能率協会マネジメントセンター）
『心理的安全性を高めるリーダーの声かけベスト100』田中弦著（ダイヤモンド社）
『セキュアベース・リーダーシップ 〈思いやり〉と〈挑戦〉で限界を超えさせる』ジョージ・コーリーザーほか著／東方雅美訳（プレジデント社）

30分でスッキリ！
そうだったんだ!! 心理的安全性

2023年9月10日　第1刷発行

監修者	山口裕幸
発行者	永岡純一
発行所	株式会社永岡書店
	〒176-8518　東京都練馬区豊玉上1-7-14
	代表☎03（3992）5155　編集☎03（3992）7191
製版	編集室クルー
印刷	横山印刷
製本	ヤマナカ製本

ISBN978-4-522-44104-6　C0034